JN126048

評伝 伊藤野枝

～あらしのように生きて～

堀 和恵
Hori Kazue

郁朋社

はじめに

夏の今宿海岸。若者が操るウインドサーフィンの鮮やかなセールが、風に乗って進んでいく。左には毘沙門山、右には妙見岬。美しい砂浜が弓形に広がっている。繰り返す波の音と、アオサの香り。真正面に見えるのは能古島だ。

そして一二歳の伊藤野枝は、四キロ離れたその島めがけて泳ぎだす。

「あの島へ行くんだ」

野枝は今宿の海岸を飛び出し、親が決めた婚家を飛び出し、ダダイストの辻潤のもとを飛び出した。生涯「自由」を求め続けた人生だった。そして稀代の革命家、大杉栄と共に歩む。

「元始、女性は実に太陽であった」と謳った『青鞜』の平塚らいてうに対して、野枝は「吹けよ、あれよ、風よ、あらしよ」と謳っている。野枝はあらしの時、今宿の海岸に立つのが好きだった。風を正面から受け、それでも毅然として顔を上げる——この「激しさ」は一体、何なんだろうか。

私は伊藤野枝を突き動かしたものを、彼女の人生と彼女が書いた作品から明らかにしていきたい。また大杉栄と伊藤野枝は、『二人の革命家』を共著として出版している。野枝は大杉と並び立つ存在にまでなっていくのだ。『青鞜』を経て、メキメキと音が鳴るような成長を遂げていった野枝。私は大杉栄と伊藤野枝が目指したものを探っていきたいと思う。

野枝は生前、繰り返し周囲の人にこう語っていた。

「どうせ、あたしたちは畳の上でまともな死に方なんてしやしない。きっと、思いがけない殺され方をするだろう」

事実、関東大震災直後、野枝は大杉と大杉の甥の橘宗一（たちばなむねかず）と共に憲兵隊構内で虐殺された。志なかばで断ち切られた野枝の二八年の生涯――その精神の最期の形とは、どんなものだったのだろうか。そして野枝の虐殺後に遺（のこ）されたものは何だったのか、をも見ていきたい。

二〇二〇年夏、またも九州北部は暴風雨に襲われようとしている。早くも黒い雲が流れていく。強まり出した風を後に、私は風情のある今宿の駅舎に向かった。

《関係図》

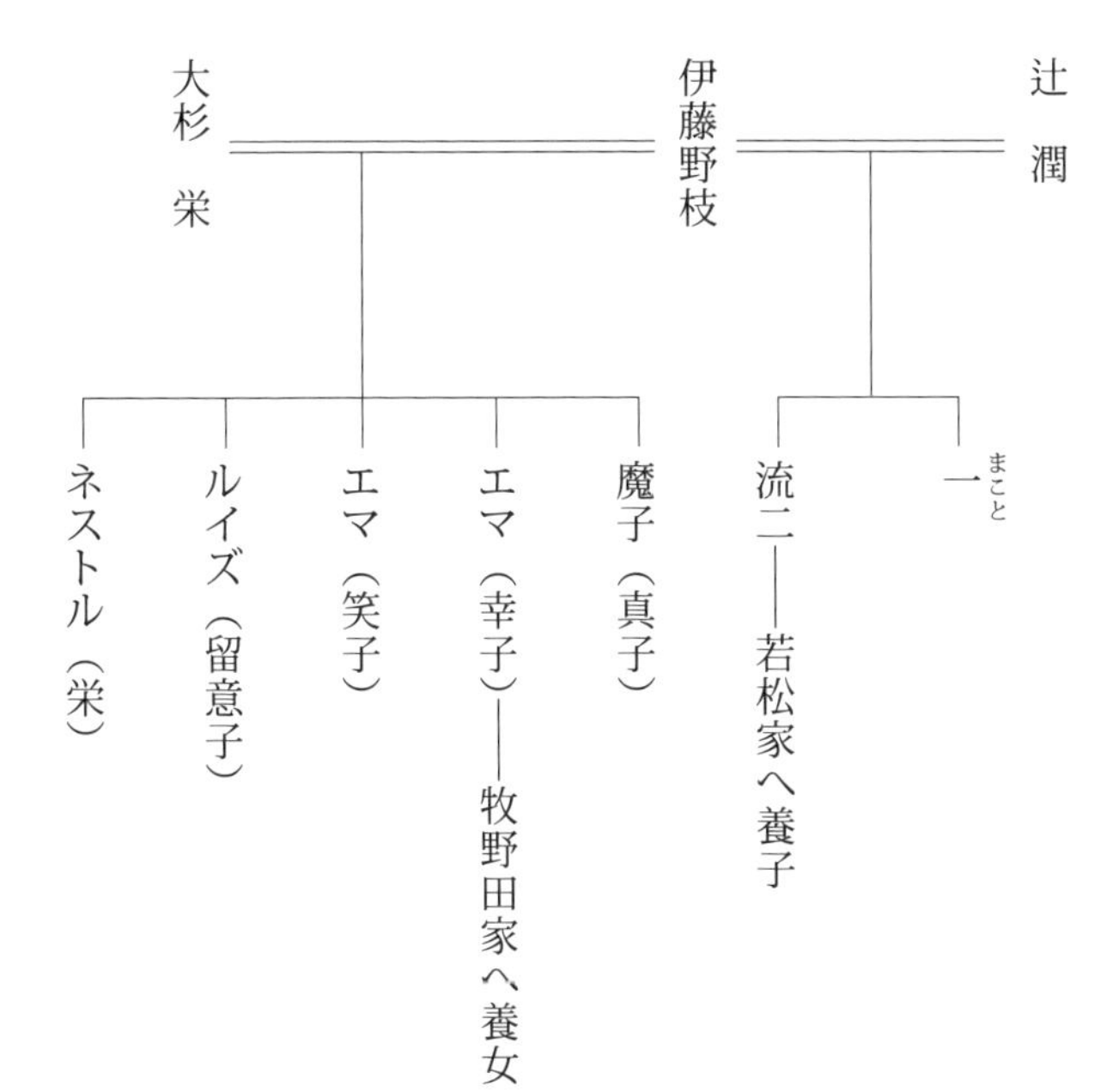

辻　潤
伊藤野枝
大杉　栄
一（まこと）
流二――若松家へ養子
魔子（真子）
エマ（幸子）――牧野田家へ養女
エマ（笑子）
ルイズ（留意子）
ネストル（栄）

評伝　伊藤野枝／目次

装丁／宮田麻希

第一章　広い世界へ

野枝、生まれる

一八九五年（明治二八年）一月二一日未明、福岡県糸島郡今宿村（現在の福岡市西区今宿）で伊藤野枝は生まれた。父は亀吉、母はムメであった。

野枝が生まれた夜はとても寒い晩でみぞれまじりの雪が降っていた。亀吉は不在で、ムメは一人で野枝を産んだ。その時の産声があまりに大きく、ムメは『たぶん男の子だろう』としばらくほうっておいたという。男の子はすでに二人もいたし、暮らしも楽ではなかったのだ。その後、姑が来てくれて「はじめての女子（おなご）じゃ」と喜び、産湯をつかわしたりして、赤子はやっと生命（いのち）を得ることができたのだ。この日から、野枝のドラマチックな人生は始まる。

伊藤の家は「萬屋（よろずや）」と呼ばれていた。かつては年貢米から海産物までを海路で運ぶ商売を手広く営んでいた旧家であった。だが祖父の頃から家業は傾き始め、父の代では完全に没落して、亀吉は鬼瓦を彫る職人となっていた。だが亀吉は稼ぎの大半を酒と、芸道楽につぎ込んだ。旧家育ちだった亀吉は、三味線、踊り、人形づくりとその才は素人の域を超えていた。その上、瓦焼きも気に染まぬ仕事はしない、という人物だった。それで野枝が育った頃には、卵一つを二人でわけて食べるほどの貧しさとなっていた。父親が働かないので母親のムメは、子育てと家事をこなしながら、堤防工事の日雇い仕事にいったり、農家の手伝いにいったりして生活費を稼いだ。

野枝には二歳年下の妹ツタがいた。ある時母親が外に働きにいっていて、夕暮れになっても帰ってこなかった。野枝は心細くなり、それにも増してお腹がすいてたまらなくなってきた。その時の野枝の行動を、後に妹ツタはこう回想している。

台所の戸棚をさがして冷飯をみつけて塩で握って食べようと姉がいいました。わたしはその飯が今夜の分だとわかっていたので、「お母さんの分をのこしておこうよ」と姉にいったのですが、姉は耳もかさず、「お腹が空いたのだからしかたがない」といって平然とあまさず食べてしまいました。

ツタはその時の姉の情の強さが忘れられなかったと語っている。野枝も戸籍では「ノエ」であるが、彼女自身は野性味を感じさせる「野枝」の字を生涯使っている。

今宿海岸

野枝が五歳の頃までは、まだ家運もさほど傾いていなかった「萬屋」に、たあちゃんという赤い髪の毛をした子守りがいた。たあちゃんは野枝に優しく、よく海に連れていってくれた。野枝は後に、こう回想している。

秋の暮れ方、燈ともし前の一時を私はきっと、たあちゃんの背に負われる。そして海岸に行っ

た。私は小さい時から海が好きだった。松原ぬけて砂丘の上にたって、たあちゃんは背をゆすぶりながら

椎のやーまゆーけば
椎がポーロリポーロリと

と透きとおるような声で歌ってくれた。

海が好きだった野枝を、やがて運命的な出会いをする平塚らいてうはこう記している。

海国に育った野枝さんは水泳が上手で、男子に交じって遠泳の競争もできるのだそうだ。殊に、眼まいのするような高い櫓（やぐら）から水の中に飛び込むことのできるということは、野枝さんのひそかに得意とする処らしい。最初それを練習する時はいくら飛び込もう飛び込もうと思っても足がすくんで、どうしても思い切って飛び込めない。けれど一旦櫓に登ったが最後もう梯子を取られてしまうから二度と下りてくることはできないことになっているので、死んだ気になって飛び込んでしまうのだというような話をいつか野枝さんから聞いたように記憶しているが、どうも野枝さんのやる処を見ていると、それによく似た処があるようなのは面白い。

だが今宿海岸は、江戸時代こそ街道の宿場として繁栄していたが、明治維新から約三〇年、日本のめざましい産業発展のなかで衰退していった。野枝は「無政府の事実」のなかでこう書いている。

私の生まれた村は、福岡市から西に三里ばかり……今はもう昔の繁盛のあとなどはどこにもない一廃村で、住民も半商半農の貧乏な人間ばかりで、死んだような村だ。

野枝はやがて、この今宿海岸から飛び立とうとしていく。

野枝という少女

一九〇一年（明治三四年）六歳の時に、野枝は今宿尋常小学校に入学した。野枝は友だちから「勝気な子」といわれていた。気の弱い兄が近所の悪童たちにいじめられて泣いていると、飛んでいって悪童たちと取っ組み合いの喧嘩をするほどだった。

また野枝は知的好奇心の強い子だった。小学校に上がって平がなが読めるようになるとこんなことがあった――母親のいい付けを守らなかった野枝は、懲らしめに押し入れに閉じ込められた。しばらく泣いていたが、いつのまにか静かになっている。泣き寝入りをしたのかと、母のムメはそっと襖を開けてみた。するといつの間にか持ち込んだ蝋燭（ろうそく）に火を点して、壁に張ってある古新聞を野枝は熱心に読んでいたのだ。当時の新聞には、すべての漢字にかながついていたのだった。

もう少し大きくなると、暇さえあれば野枝は手当たり次第に本を読んだ。ムメは少しは掃除でも手伝いなさいと叱りつけた。すると野枝は素直に「ハイ」と返事をして、勢いよくバタバタとはたきをかけていた。しかししばらくすると、音が止んでいる。もう終わったのかとムメが来てみると、なんと右手にはたきを持って突っ立ったまま、野枝は左手に木を抱えて読みふけっていたのだ。

一九〇四年（明治三七年）父亀吉が事業に失敗して、あっという間に家運が傾いた。このため野枝は亀吉のすぐ下の妹で、子どもがいないマツ夫妻の養女となった。「口べらし」であった。そして野枝は、山を越えた南の大川町の榎津（えのきづ）尋常小学校に転校した。野枝にとっては屈辱的な体験だった。のちに野枝はムメに向かって「私はどんなに生活が苦しくても、自分の子どもを他人にくれたりはしない」と悪態をついたという。だが養女に行った先のマツの夫は、ひどい博打（ばくち）うちであった。翌年マツは離婚し、野枝も小学校を卒業して、マツと野枝は今宿の実家に戻ってきている。

一九〇五年（明治三八年）、一〇歳になった野枝は隣村の周船寺（すせんじ）高等小学校に進学した。そして三年後、今度は亀吉の末の妹、長崎にいるキチのもとに預けられることとなった。

長崎へ

叔母のキチは長崎の代準介（だいじゅんすけ）の後妻として嫁いでいた。代準介は福岡の生まれで、伊藤亀吉とは幼馴染であった。代は日露戦争下の好景気の時に、長崎三菱造船所に出入りしていた。そして全国で木材を購入して造船所に納入し、造船所で出た鉄くずを大阪で捌（さば）いたりして莫大な利益を得ていた。もともと事業家肌の覇気にみちた親分肌の人物であった。また代は政治好きでもあり、玄洋社（げんようしゃ）の頭山満（とうやまみつる）ともつながりがあった。

代家には先妻の娘の千代子がいた。千代子は野枝の一歳年上であった。親戚の家へ預けられ、しかもその家には同じ年頃の娘がいる——それはどのような気持ちだろうか。同じような体験のある私には、孤立の中で精一杯気を張ろうとする、野枝の気持ちが痛いほどわかる。後に野枝は「動揺」の中でこう書いている。

　小さいうちからいろいろな冷たい人の手から手にうつされて、違った風習と各々の人の異なった方針に教育された私は、いろいろな事から自我の強い子でした。そして無意識ながらも習俗に対する反抗の念は十二三歳位から芽ぐんでいたので御座居ます。

千代子の両親は一人娘を溺愛し、「お千代さん」と呼んでいた。だが野枝に対しては呼び捨てであった。その上使用人たちも、あからさまに二人に序列をつけていた。野枝は疎外感に襲われた。だが野枝の自我は、それを跳ね返そうとした。同じ年頃の従妹の千代子に対して、野枝は強いライバル心をもった。転校した西山高等小学校では、野枝は勉強もずいぶん頑張った。野枝にとって唯一、自我の発露は成績だった。そして、成績はほとんど甲乙丙（こうおつへい）の甲だった。叔母のキチはこう振り返っている。

　千代子と張り合ってムキに自分を主張しようとしていました。躾のことでやかましくいうと、すぐふくれて泣くのです。声は決してだしませんで、ただボロボロ涙をこぼしましてね。けれどもとにかくハキハキして、役に立つ子でしたよ。

その長崎での暮らしは、野枝にとっては夢のようなものとなった。故郷の今宿とは違い、長崎は都会だった。港と造船所のあるこの町は、活気に満ちていた。生活に余裕のある代家では、新聞・雑誌などが豊富にあった。また代は以前から貸本屋にも手を拡げていて、家には膨大な書籍が置かれていた。野枝は無数の本の背をながめているだけで、自分の世界が一気に拓けていく思いがした。また従妹の千代子の本棚には、読者の「投稿」を募っている『女学世界』や『女子文芸』などの雑誌が並んでいた。野枝はこれらの本を千代子から借りて読み漁り、友人からも本を借り、さらに長崎市内の本屋にも出かけていった。

また代の家には三菱造船や、海軍人、言論人、文化人、実業人が出入りし、サロン化していた。天下国家を語る者、世界情勢を語る者など、野枝は今宿の田舎では絶対に見ることのできなかった世界を垣間見た。

野枝の体の中には、知識の水が滔々と注ぎこまれた。

再び今宿へ

だが夢のような野枝の長崎生活は、わずか八ヶ月で終わってしまう。代一家が事業成功の波にのって、東京に出て新しい事業を始めることになったのだ。野枝は今宿の実家に返されてしまう。そして再び、周船寺高等小学校に通うようになった。この頃の友人の話である。

野枝さんは机の下に文学書を隠して読み耽り、教師に指されるとスラスラ答えるので、級友たちはみな驚いた。

文学書というのは、この時期『東京毎日新聞』に連載されていて評判の高かった木下尚江の『良人の自白』だった。弁護士白井俊三が主人公の恋愛小説であり、木下尚江の自伝的小説であろうといわれている。社会問題に向きあいながら、恋愛に苦しむ若き弁護士白井は、野枝にとって初めての憧れの対象となった。またこの頃から野枝は、東京の新聞雑誌の文芸欄に熱心に投稿をしはじめている。野枝の夢は、女流文学者になることだった。

野枝は長崎時代をへて、肉体的にも心の上でも大きく変化をとげていく時期を迎えていた。だが実際の野枝は、無邪気な日々をすごしていた。

長崎の西山高等小学校では、担任の先生がかなり自由にさせてくれる人だった。放課後、学校に残ってオルガンを弾いたりテニスをやったりと、飛んだりはねたり腕白をしていた。再び戻ってきた周船寺高等小学校の校風は質素で、野枝は違和感を覚えざるをえなかった。だが野枝は、長崎時代と同じように自由に過ごした。生徒の中で、校長室や職員室にずかずかと入っていけるのは、野枝くらいだった。先生の多くは野枝の快活さを可愛がってくれた。

しかし周船寺高等小学校の最高学年である四年生になると、一部の女の先生からは、慎みのないお転婆な娘として睨まれてもいたようだが、野枝はまったく気にはしていなかった。

元気な野枝は学校の帰りに週に一、二度遠まわりをして、他校にうつった以前の担任のH先生を訪ねていた。遅く帰っても、家の者は別にとがめなかった。周船寺高等小学校の生徒は野枝のこんな言葉を覚えていた。「あの先生ね『良人の自白』の白井さんによう似とらっしゃる」――H先生は野枝の憧れの人であったのかもしれない。

H先生は今宿の西にある波多江（はたえ）の小学校の校長先生になっていた。そして野枝は、その学校の生徒が下校してしんとした校舎で、先生しか使えないオルガンを弾いたり、テニスをしたりして楽しく過ごしていた。

そんなある日、嵐が来て野枝は家に帰れなくなってしまったのだ。

大人の嘘

その日、野枝は実家のすぐ近くに住んでいる女の先生と一緒に、波多江の小学校に遊びに行っていた。この女の先生も、野枝のことをよく可愛がってくれていた。すると突然、二三間先も見えないほどのひどい雨が降り出し、風もピューピューうなってきたのだ。これでは二里以上の道を歩いては帰れないからと、H先生に勧められて、近くの家に泊めてもらった。女の先生も一緒だった。翌日、実家まで戻っていると遅刻をしてしまうので、そのまま周船寺小学校に行くことにした。だが運の悪いことに、その日は図画の授業があった。図画の教師は、日頃から野枝の態度を嫌っていた女の先生であった。道具を持っていない野枝に、その教師はいらつき、色々と問いただしてきた。

そしてこの図画の教師の虚言から、野枝は周船寺小学校の校長先生に厳しく叱責されてしまう。図画の教師は、野枝たちが泊まった家が料理屋であったこと、野枝はそのことを知っていて嘘をついているのだと、校長に告げ口をしたのだ。野枝は料理屋だとは知らず、波多江の学校の生徒の家だとしか知らなかったのだ。

後に野枝は『青鞜』の中で「嘘言と云ふことに就いての追想」として、こう書いている。

校長先生はまっ青になって怒りました。

「女はもう少し女らしくするものです。第一もうあなた位の年になれば遊ぶことよりも少しでも家の手伝いでもすることを考えなくてはならない。関係のない処に遊びに行って泊まるなどと実にけしからん事です。あなたはどんなに悪い事をしたのか分かっていますか?」

「私は何も悪いことは一つもしません、悪いことなんか一つもしません。」私はせき込んで漸くそれだけ出来るかぎりの力をこめて叫びました。

私は悪いことなんか一つもした覚えはない！　もう一度自分の心の中でそう叫びながら私は真青になりました。立っている足が体を支えきれない程に震えるのでした。

校長先生はさらにこういった。

「あなたは少しも物の道理をしらない、長上を尊敬することをしらない。いくら、学科が出来ようと何しようと慎みのない女は人の上にたつ資格はありません」

最後の箇所に力を入れると、暗くなった部屋を睨みまわして校長は出ていってしまった。野枝の頭の中は一時に真暗になって、ガンガン鳴り出した。野枝には図画教師の嘘も、校長の不条理な叱責も納得がいかなかった。「一生とり返すことの出来ない屈辱」と野枝は記している。伊藤野枝、一四歳――早熟で勝気な姿が浮かび上がってくる。

東京の女学校

一九〇九年（明治四二年）三月、野枝は周船寺高等小学校を卒業した。野枝は上級学校進学を希望したが、それは貧しい家庭では叶わないことだった。やむなく野枝は熊本の通信伝習生養成所に学び、今宿の谷郵便局の事務員として就職した。

その年の夏、東京に出ていた代一家がひさびさに今宿へ帰省してきた。さびれた今宿の家で聞く、花の東京の話は野枝の心を揺さぶった。この頃の東京は人口二〇〇万人を超える大都会で、品川・赤羽間を山手線が開通し、街では「ハイカラ節」や「金色夜叉」の歌が流行していた。東京の活気、魅力、流行は野枝の眼にも鮮やかに見えるようだった。

それにもまして夏休みで帰省した従妹の千代子の話は、激しい羨望の念を野枝に起こさせた。千代子は上野高等女学校の三年に進級して、級長を務めていたのだ。

二〇世紀初頭、明治のハイカラを象徴するのが女学生だった。自転車で颯爽と通学する女学生と東大生の恋愛を描いた青春小説『魔風恋風（まかぜこいかぜ）』（小杉天外（こすぎてんがい）作）が『読売新聞』で連載され、大ヒットしていた。

貧しい瓦職人の娘で、自分で働かなければ生きていけない野枝。東京の女学校に入るなんて、絶望的な望みだった。だが、従妹の千代子はそれを無造作に手に入れている。なぜ自分にはそれができないのか。私は今宿のこの田舎で終わってしまうのか……。

『私はこの田舎で終わりたくない。東京で自分を試してみたい。女学校の級長ぐらい、私にだってなれる』

野枝の心には、故郷脱出と未知への挑戦の気持ちが決然と湧き起こってきた。

叔父への手紙

東京に行くには、叔父を頼るしかない。叔父、代準介に自分の向上心、向学心を懸命に訴えて、代の心を揺さぶるしかない。そして何としても東京での進学を援助してもらうのだ。野枝は用箋に五枚、一〇枚とびっしり書き込んだ分厚い手紙を、三日にあげず東京の代家に送った。

私は、叔父叔母を実の父、実の母と思っています。千代子姉も実の姉と思っています。私はもっと自分を試してみたいのです。もっともっと勉強をしてみたいのです。できれば学問で身を立てたいとも思っています。一生を今宿の田舎で終わるかもしれませんが、その前にせめて東京をしっかりこの目で見てみたいと思っています。大きくなったら、必ず孝行をさせて頂きますので、どうぞ私を上野高女にやってください。ご恩は必ずお返しいたしますので。

当時の代準介は、東京の根岸に居をかまえていた。そしてセルロイド加工の会社を営むかたわら、家に何人かの苦学生を受け入れていた。彼らは職人として働きながら、学校に通っていたのだ。彼らはみんな九州からやってきた若者だった。だが、野枝は女であった。それに長崎時代に比べると、生活にはさほどゆとりはなかった。代は野枝の熱意はわかるものの、承諾しかねていた。

困った代は、隣家に住んでいた大衆作家の村上浪六(なみろく)に相談してみた。村上は野枝の手紙を見るなり、その迫力ある文章、男のような文字に感嘆してしまった。そしてこういった。

「お呼びなさい。この子は見所がある。文章といい文字といい、とても十三、四の娘のものとは思えない」

こうして野枝は上京することとなったのだ。

東京の女学生に

一九〇九年の暮れ、野枝は郵便局の仕事をやめて上京した。叔父の代は野枝をしばらく東京の生活に慣れさせ、上野高等女学校の三年生に入れるつもりだった。だが野枝は経済的負担をかけたくないと、飛び級をして四年生に入りたいといった。

当時の私立女学校は実力さえあれば、何学年にも編入できたのだ。それに野枝はライバルの千代子と同じ学年に入り、その千代子を負かしたかったのだ。これには代も切れてしまった。「試験に落ちたら、すぐ田舎へ帰れ」と怒鳴ったのだ。

野枝は猛然と勉強を始めた。千代子の教科書を一年から三年まで全部借りた。野枝は国漢には自信があった。だが数学と英語の力はかなり低かった。試験まであと二ヶ月強しかない。野枝は千代子に教師になってもらい、数学と英語を勉強した。数学は因数分解から入り、定理を習い、代数を解いていった。英語はまずアルファベットを覚え、初歩の英文法を習った。そして単語と常用の熟語を覚えていった。

叔母キチの言葉によると、「三日も徹夜して一晩眠るとケロッとして、また二、三日も徹夜する」という猛勉強だった。「見ていて恐いぐらいの勉強ぶり」で、野枝は一九一〇年（明治四三年）三月、四年次編入試験に一番で合格した。野枝の意地と頑張りと集中力に代は感嘆した。「おまえが男ならなあ」と、まじまじと姪の顔を見つめた。

一九一〇年四月、野枝は上野高等女学校に入学した。学校は当時、鶯谷（うぐいすだに）の丘の上にあった。野枝は編み上げ靴をはき、胸をはり、鶯谷の坂を上っていった。眼下には鉄道のレールがのび、その向こうには東京下町の家々が見えていた。春の光を浴びた野枝の顔は、誇らしく、そして輝いていた。

伊藤野枝は自らの力で今宿を飛び出し、広い世界に足を踏み入れたのだった。

上野高女

上野高女は一級およそ三〇人、一年から五年までで全校生徒は一五〇名ほどだった。当時の女学校としては、相当に進歩的な学校だった。学則には「教育は自治を方針とし、各自責任をもって行動せしむること」とあった。学校全体に自由な雰囲気がただよっていた。

中でも教頭の佐藤政次郎の倫理の講義は、野枝に強い影響を与えた。野枝が「自由」「個人」「反抗」「理想」などの概念を教わったのは、佐藤からだった。また佐藤は講義に興が乗ってくると気持ちがよいほど興奮して、社会の腐敗を罵倒した。野枝はこう述べている――「それまではまだ半眠状態でいた私の社会の習俗に対する反抗心が漸く目醒めてきました」

また当時の同級生は、野枝のことをこう語っている。

野枝さんは素晴らしく目のきれいな人で、いかにも筑紫乙女のそれらしく、重厚そのものといった感じの方で、また一面、粗野な感じの所もありましたが、何しろ文才にかけては抜群で、私共は足許へも及ばない程でした。西原先生（国語教師で野枝の担任・西原和治）は、作文の時間にいつも「野枝さん、書かなくっていいよ」といわれました。

そして野枝の読書好きはますます高じて、女学校が終わると、いつも上野帝国図書館に通って本をむさぼり読んでいた。日本最大の図書館で、自分の体の中に息継ぐ間もなく、知識を貪欲に吸収したのだ。また野枝には生来の編集的才能があり、学園新聞『謙愛タイムス』の編集にもたずさわっていった。野枝はせっせと原稿を書き、ガリ版の原紙を切った。できた新聞は、下級生がチリンチリンと鈴を鳴らして校内に配った。

やがて上野高女の五年生になると、野枝は級長となった。千代子から級長の座を奪い取ったのだった。だがお嬢様育ちの千代子はおっとりとしており、意には介していないようだった。そんな千代子の性格は野枝をいらつかせたが、級長となった達成感のほうが大きかった。

野枝が上野高女に編入した一九一〇年（明治四三年）は、世は激動の時代を迎えていた。大逆事件が起こり、社会主義者の幸徳秋水（こうとくしゅうすい）や管野須賀子（かんのすがこ）が逮捕されたのだった。この事件は現在では、明治政府のフレームアップ（でっちあげ）であったことが明らかにされているが、野枝が五年に進級する直前、一九一一年（明治四四年）一月、幸徳ら一二名の死刑が執行されたのだった。

辻潤との出会い

野枝が五年生になった時、新しい英語教師がやってきた――辻潤だった。

辻は一八八四年（明治一七年）東京浅草で役人の子として生まれた。無口で子どもらしいところがなく、それでいて頭のよい本好きな子だった。もとは裕福な家庭であったが、父の病気がもとで家は没落をはじめ、彼は東京開成中学を二年で退学している。一三、四歳の頃の愛読書は『徒然草』だった。既に厭世を志していたのだ。

その後、給仕などをしながら国民英学会の夜学に通った。国民英学会を卒業すると、小学校の臨時教員や私塾で英語を教えたりした。そして夜は一ツ橋の自由英学舎に通った。この頃、宮崎滔天（みやざきとうてん）の『狂人譚』や彼が主催する『革命評論』なども読んだ。そして辻の心をもっとも捉えたのは、ドイツの哲学者マックス・シュティルナーであった。シュティルナーは自我のみが行動の規律で、外部で作られた法律や道徳にしたがう必要はないと説いた。彼の著書『唯一者とその所有』は、アナキズムの一つの原典となった。

そんな辻が二七歳の時、上野高女に赴任したのだ。彼はくたびれた中折帽子をかぶり、奇妙なガウンを着ていた。その貧相な姿に女性徒たちは「西洋乞食」とあだ名をつけた。だが授業になると、たちまち絶大な人気を博した。流れるように英語をしゃべり、話題は教科書の枠を超えて、文学、思想にひろがったのだ。また音楽にも精通し、ピアノを弾き、尺八の腕前はプロ級だった。

辻は野枝が編集をしている『謙愛タイムス』の担当教員になった。放課後、野枝がひとりコツコツとガリ版を切っていると、背後から「こんなものができましたよ」と辻が原稿をおいてゆくことが多くなった。それはエマースン、シェストフ、ワイルドなどの翻訳や紹介であり、谷崎潤一郎や永井荷風の新作の批評であった。

辻は『謙愛タイムス』の野枝の記事を読み、その文才に瞠目した。彼は「ふもれすく」の中でこう書いている。

> 野枝さんは学生としては模範的じゃなかった。成績も中位で学校で教えることなぞは全体頭から軽蔑しているらしかった。それで女の先生からは一般に評判がわるく、生徒間にもあまり人気がなかったようだ。（中略）
>
> N君（西原和治）と僕とは、しかし彼女の天才的方面を認めてひそかに感服していたものだっ

た。もし僕が野枝さんに惚れたとしたら彼女の文学的才能と野性的な美しさに牽きつけられたからであった。

野枝ははじめのうちは、辻が持ってくる『謙愛タイムス』の原稿を何気なしに採録していた。やがてそれが、自分を対象に文学的素養を啓発してくれる意味をもっていることに気づいた。また編集上の助言や、原稿の依頼で二人は会うことも多くなった。そして野枝は苦手な英語も辻に教わるようになった。辻に教わるようになってから、野枝の英語の実力のつき方は、クラスの学友たちにも目をみはらせるものとなっていった。

野枝は少しでも辻と話がしたく、学校に行く時も帰りも一緒だった。放課後は二人で音楽室に行き、ピアノを弾いて歌った。友人たちはそんな二人の仲を噂していたが、野枝は人の噂などはまったく気にはしなかった。

突然の結婚話

女学校の最終学年である五年生の夏休みは、野枝にとって激動の日々となった。叔父代準介と父の亀吉が、野枝の縁談をかってに進めたのだ。相手は隣村の周船寺の豪農、末松福太郎であった。福太郎はアメリカに住んでいたが、嫁さがしに帰国したという。苦しい生活にあえいでいた亀吉は大乗り気だった。代も野枝を預かりはしたものの、その経済的負担に弱っていたところだった。末松の家は、野枝の卒業までの学費を負担してくれるという。

野枝は七月末に今宿に帰省した時に、この話を唐突に聞かされた。野枝の心に湧き上がってきたのは、怒りだった——これからは婚家に学費を出してもらうなどと、まるで金で売られるようなものじゃないか。叔父の代は、野枝の知らない間に先方と取引をして約束を取り決めてしまっていた。その上、「これは良縁だから」と何としても野枝を強制的に納得させようとしてきた。

野枝は卒業後は作家か婦人記者になろうと思っていた。田舎の一青年と結婚しなければならないことは、知識欲の自殺を意味した。

野枝は「わがまま」の中でこう書いている。

何て馬鹿らしい事だろう？　私は叔父等の安価な生活のたしにされたのだ——
今に——自分で自分の生活が出来るようになれば私は黙ってやしない。私は私で生活が出来るようになりさえすればあんな偽善はやらない。少なくともあんな卑劣な根性は自分は持ってはいない。

だが、今宿の家の経済を無視して飛び出し、叔父の負担によって上野高女に通う野枝にとって、叔父の言葉を断りきれる筋合いはなかった。それに「結婚すればアメリカに行ける」ということは、野枝にとって魅力だった。アメリカという未知の世界への興味が野枝の心を捉えた。ついに野枝はこの結婚を承諾することとなった。末松家では同居は野枝の卒業まで待つが、仮祝言は早く挙げたいとの意向であった。

野枝は周囲のすべての人を呪いながら、炎（も）ゆるような憤怒とある決心をもって仮祝言を挙げることになった。「ある決心」とは、仮祝言後すぐに東京に戻って時間をかせぎ、卒業したうえで行方をくらませてしまうという考えであった。

八月二二日、末松家で仮祝言が挙げられた。この仮祝言について、野枝の妹ツタはこう語っている。

> はじめから一度も、相手を気に入ったことはなかったんですけれど、アメリカに行けるってことが魅力で、アメリカに行ってさえしまえば飛び出してやるからって私なんかに話していました。
> 島田に結って角かくしに絽縮緬（ろちりめん）の留め袖の紋付で、今でも覚えていますが、近所でも見たこともないようなきれいな花嫁だと評判されました。でも、花嫁支度しながらも、やっぱり相手が気にいらないとぶんぶん怒っていて、わざと、まるで男のように、花嫁衣裳の裾をぱっぱっと蹴散らかして歩いたりして、まわりをはらはらさせるほど当たりちらしてはいました。

仮祝言の席ではじめて接した福太郎は、おとなしそうな男だった。野枝はこの男をどうしても好きになれそうになかった。その上仮祝言の日の夜、福太郎がいった言葉に野枝は驚愕した——「アメリカには帰らず、日本に戻ってきて農業を継ぐ」というのだ。農家の嫁なんて、まっぴらだ。

仮祝言というのは仮契約ではなく、身内親族が集まりきちんと式を挙げ、初夜もすます儀式であった。だが、野枝は福太郎に指一本もさわらせなかった。そして翌朝、新学期の準備をしなければならないと偽りをいって、さっさと上京したのだった。

私は海賊になる

野枝は「惑い」の中でこう書いている。

無惨にふみにじられたいたでを負ふたまま苦痛に息づかいを荒くしながら帰京したときにはもう学校は二学期に入っていた。(中略) 彼女の苦悶は学校に行って、忘れられるやうな手ぬるいものではなかった。彼女の一生の生死にかかわる大問題だった。

夏休みがあけて野枝に再会した辻は、その表情や態度があまりに険しく憂鬱そうなのに気づいた。心配して聞きただす辻に、野枝は夏休み中のできごとを洗いざらい訴えた。そしてこういった――「もう学校の勉強なんかする気がありませんわ」

そんな野枝に、辻はこの九月に平塚らいてうらによって創刊された『青鞜』を勧めてみた。らいてうの「発刊の辞」はこうだ。

元始、女性は太陽であった。真正の人であった。今、女性は月である。他に依って生き、他の光によって輝く、病人のような蒼白い顔の月である。

また巻頭で与謝野晶子はこう宣言している。

すべて眠りし女　今ぞ目覚めて動くなる。
一人称にてのみ物書かばや。われは女ぞ。
一人称にてのみ物書かばや。われは。われは。

鬱々としていた野枝の気持ちに、これらの言葉は鋭く突き刺さった。時代の新しい光がようやく射し始めているのだ。

だが野枝の気持ちの頑なさを案じた末松家では入籍を急ぎ、一一月二一日に野枝の籍を入れてしまったのだった――卒業間近となった頃、将来の夢を語りあう級友に、野枝はこういっている。

私は卒業すれば九州に帰らねばなりませんから、しばらくあなた方とはお別れですが、必ず東京へは出てくるでしょう。そして人並みの生き方はしませんからいずれ新聞紙上でお目にかかることになるでしょう。
そうでなくて九州に居るようになれば玄界灘で海賊の女王になって板子一枚下は地獄の生活という生き方をするかも知れないわよ。

抱擁

いよいよ卒業の日が近づいてきた。一九一二年（明治四五年）三月二六日がその日だ。野枝の計画はこうだった――卒業式が終わったら、帰省するといって汽車に飛び乗り、そのまま姿をくらましてしまう。半年も隠れて、ほとぼりがさめた頃、改めて諒解をえるようにやってみよう。

だがこの野枝の計画は、頓挫してしまう。卒業式の少し前に、代準介の父が急逝し、叔父一家とともに九州へ向かうことになってしまったのだ。出発は卒業式の翌日、二七日だ。

野枝は足元の砂がみるみる崩れ落ちてしまうのを感じた。

彼女は「動揺」の中で、卒業式の日のことをこう記している。

二六日の夜は私は体が裂けてしまいそうな苦しい人攪乱の中に泣く事も出来ない悲痛な気持でおそくまで学校に残りました。翌日はたたなければなりません。丁度その時、上野の竹の台では洋画家の日本画の展覧会と青木繁の遺作展覧会がやっていました。私はそのたつ日――二七日にすべての事をすててそれを見にゆきました。

卒業式の日、学校に遅くまで残り、翌日上野の美術館に一緒に行ってくれたのは、辻潤だった。

青木繁は一年前、わずか二九歳で夭折した野枝の郷里の画家だった。しかし野枝の頭は混乱していて、絵の鑑賞どころではなかった。辻もずっと黙っていた。いつのまにか場内には人びとが群れてきていた。会場を出ると二人は美術館裏の木立の中に入っていった。ふと辻が立ちどまり、野枝はもう二度とは会えないかもしれない人の顔を見た。野枝は瞳に涙をため、歯をガチガチとふるわせていた。突然、辻は野枝の手を強くひいて、その体を胸に抱きすくめたのである。そして息もつかせぬ口づけをそそいだ。野枝の体の中にも熱い血潮が湧き上がり、もう放すまいと辻にしっかりとしがみついていた。

野枝は後に「はじめて何の前置きもなしに激しい男の抱擁に会って、私は自身が何もかも忘れてしまいました。惑乱に惑乱を重ね……」と追想している。

それは可憐で切ないひとときだったが、野枝にとってこのわずかな時間の思い出だけが、脱出と未来への道しるべとなっていく。

出奔

野枝が遅れて駅に到着すると、叔父夫婦の叱責が飛んできた。そして夜の便で今宿に帰ることとなった。担任の西原先生や佐藤教頭が見送りにきてくれていた。

故郷に向かって列車はどんどん進む。だが進む列車の動きとは反対に、野枝の体は東京にたえず引っぱられるようだった。

博多駅に着くと、福太郎が迎えにきていた。野枝は『わがまま』でこう書いている。

「あの男が来ている。あの男が——ああいやだ！　いやだ！」

父亀吉や叔父の代準介に追い立てられるようにして、野枝は末松家へ入った。だが野枝は八日間、福太郎とはろくに口も聞かぬ状態で過ごした。そして九日目の朝、彼女は婚家先を出奔したのだった。野枝は大牟田にいる友人宅に姿を隠した。そしてそこから、西原や辻に手紙を送った。文学青年であり野枝の理解者であった西原は、野枝を励まし電報為替でお金まで送ってくれた。手紙にはこうあった——「如何なる場合にもレールの上などに立つべからず　決して自棄すべからず」

元担任の言葉を見て野枝はこう思った。

先生はこんなにまで私の上に心を注いで下さるか、私は本当に一生懸命にこれから自分の道をどんなに苦しくとも自分の手で切開いて進んで行かなければならない。私は決して自棄なんかしない。勉強する、勉強する。そして私はずんずん進んで行く。

辻からの手紙には次のような言葉が書かれていた。

血肉の親子兄弟——それがなんだ。夫婦朋友それがなんだ、大抵はみな恐ろしく離れた世界に住んでいるじゃないか、皆恐ろしい孤独に生きているじゃないか。

習俗に慣れた世界への批判だ。そして上野高女には「ノエニゲタ　ホゴタノム」の電報が届いた。また叔父の代は校長あてに調査を依頼した。末松家では警察に捜索願を出した。おとなしい福太郎も「私妻野枝」出奔のハガキを送った。そこには、たぶん上京するだろうから、宿所がわかったら知らせてくれ、父と警官同道の上で引きとりにいくとあった。

そして次の言葉が辻を刺激した――「妻は姦通した形跡がある」

辻は、第二の手紙を送った。

俺は少なくとも男だ。汝一人位をどうにもすることが出来ない様な意気地なしではないと思っている。そうしてもし汝の父なり警官なりもしくは夫と称する人が上京したら、逃げかくれしないで堂々と話をつけるのだ。俺は物を秘かにすることを好まない。九日附(づけ)の手紙をS先生（教頭の佐藤先生）に見せたのも、一つは俺は隠して事をするのが嫌だからだ。姦通などという馬鹿馬鹿しい誤解をまねくのが嫌だからだ。イザとなれば俺は自分の位置を放棄しても差支(さしつかえ)ない。俺はあくまで汝の身方になって習俗打破の仕事を続けようと思う。

この辻からの手紙を見て、野枝は上京した。辻一家は染井（東京府下巣鴨町）の小さな借家に住んでいた。ころげ込んできた野枝に、母親の美津は江戸っ子らしい思いやりを見せ「困っているならお互いさまだ、助けておやり」といってくれた。

辻は後にこう書いている。

元来がフェミニストで武者小路君はだしのイデアリストでもある僕は女を尊敬しては馬鹿をみる質の人間なのである。従ってまた生まれながらの恋愛家でもあるのだ。

女の家が貧乏なために、叔父さんのサシガネである金持ちの病身の息子と強制的に婚約させられ、その男の家から学費を出してもらって女学校に通って、卒業後の暁はその家に嫁ぐべき運命を持っていた女。自分の才能を自覚してそれを埋没しなければならない破目に落ち入っていた女。恋愛抜きの結婚。

卒業して国へ帰って半月も経たないうちに飛び出して来た野枝さんは僕のところへやって来て身のふり方を相談した。

野枝さんが窮鳥でないまでも、若い女からそう云う話を持ち込まれた僕はスゲなく跳ねつけるわけにはいかなかった。

校長は、結婚した女生徒の家出を教師が引受けることを許すわけにはいかない、引受けるなら学校を辞めてからにしてくれ、といった。辻はあっさりと辞表をだした。無謀といえばずいぶん無謀な話だが、辻は「この辺がいい足の洗い時」だとも考えていた。

高々三十や四十の安月給をもらって貧弱な私立学校の教師をやって、おふくろと妹とを養っていた僕は、学校をやめればスグ困るのはきまった話なのだ。僕はだがその頃もうつくづく教師がイヤだったのだ。

一人の教師として破綻なく生涯を送りながら、エッセイや翻訳書などを出して世に知られる。その程度の知識人として一生を送ることもできた。だが十代から働いてきた辻は、安定した俸給生活をこの機会に投げ出したのだ。これ以後、辻は生涯定職につくことなく、貧困のなかに世を送ることになる——野枝との出会いを媒介として、ダダイスト辻潤が誕生するのである。

染井

辻はこう記している。

染井の森で僕は野枝さんと生まれて始めての熱烈な恋愛生活をやったのだ。遺憾なきまでに徹底させた。昼夜の別なく情炎の中に浸った。始めて自分は生きた。あの時、僕が情死していたら、如何に幸福であり得たことか! それを考えると僕はただ野枝さんに感謝するのみだ。そんなことを永久に続けようなどという考えがそもそもまちがいなのだ。

野枝は自分のために、辻が職を投げうったと聞いて驚いた。そして辻と生きていこうと心に決めた。

母親の美津も、妹の恒(つね)も自分に親切にしてくれている。

五月に入って上野高女の同窓生たち四、五人が訪ねてきた。辻家一同心よく迎え入れ、粋人の美津は三味線を弾き、辻は得意の尺八を吹いた。そしてみなは歌って越後獅子などを合奏した。妹の恒と野枝は、いそいそと給仕をしてもてなした。

帰りにみなは染井の「ちまき」という汁粉屋に行くことになった。その時、家を出る辻の背に野枝が羽織を着せかけた――「その着せかけたしぐさが、ひどくなまめいて見えた」と友人は語っている。またこうも回想している。

「あたし達は野枝さんが先生とああいう仲だったとはまったく気付きませんでした。そうした男女のむつみごとなんかなんにも知らないぼんくらでした」

辻と野枝は情炎の中に浸り続けた。そして教師だった辻は、知識欲の旺盛な野枝を「エデュケート」することにも情熱を注ごうとした。野枝がまず吸収していったのは、シュティルナーだった。『唯一者とその所有』の英訳本にある、自我のみが行動の規律という考え方は、野枝の心に深く響いた。シュティルナーの自己肯定の生き方は、人間を部分的な道具とみなす一切の権力――国家権力までを否定しさろうとする。「国家がなければ、私は自由である」と、シュティルナーはいう。この無政府主義的な思想は、この後、野枝の生き方の根底を流れることとなる。

だが情炎の日々もエデュケートの時も、やがては経済的な困窮に至るのは当然の成り行きだった。辻の本棚からは蔵書が一冊、二冊と消え、美津は着物を風呂敷に包んで質屋に通い出した。辻は見て見ぬふりをしながら、働こうとはしなかった。辻の失職の原因が自分にあることを痛感していた野枝は、「働いてくれ」とはいえなかった。やがて辻家の空気はぎすぎすしだした。娘のようにかわいがってくれていた美津も、野枝にしばしばきつく当たりだした。妹の恒の態度も冷たさをおびてきた。その上、叔父代準介と叔母キチが上京してきて、野枝に婚家に戻るように説得してきた。

さらに辻に対する末松家の脅迫めいた物言いは、日ごとに増してくる。

『どうすればいいのだろうか』――追いつめられた野枝は、一人の女性に手紙を出す。辻から勧められた『青鞜』の創刊者、平塚らいてうである。

らいてうへの手紙

らいてうは、『青鞜』の編集室の机の上に分厚い手紙が置かれているのに気づいた。彼女は後に自伝の中でこう書いている。

たしか晩春のころと思いますが、わたしのもとへ、九州に住む未知の一少女から長い手紙が届きました。切手を三枚貼ったペン字の重たい封筒で、差出人は「福岡県糸島郡今宿村、伊藤野枝」と、素直な、しっかりした字で書いてあります。青鞜社には、よく未知の女性から、身の上相談の長い手紙が来て、それはいちいち取り上げていられないほどでした。しかしその手紙を一読したわたくしは、本気で一生懸命に、からだごと自分の悩みをぶっつけてくるような、その内容につよく動かされました。

それは自分の生い立ち、性質、教育、境遇――ことに現在肉親たちから強制されている結婚の苦痛などを訴えたもので、そこには道徳、習俗に対する半ば無意識な反抗心が、息苦しいまでに猛烈に渦巻いておりました。

らいてうは「とにかく一度、遊びにくるように」と返事を書いた。それからほどなくして一人の少女が訪ねてきた。野枝が九州の住所を記していたので、らいてうは誰だか思いだせず、女中に「どんな方」と聞いた。女中は「十五、六歳の子守りさんのような方」と答えたという。

何処を見ても教養とか訓練とかいうような人工的なものの影の見えない、ただ素朴な野性的な美しい少女……。この無邪気そうな少女があのはげしい手紙を書いたのかと少し意外な気さえしたほどでしたから。

と、らいてうは振り返っている。野枝は悪びれずに熱心に、自分の窮状を訴えた。らいてうが見た野枝は、小柄でがっしりとしたからだつき、ふっくらした丸顔に黒目がちの目が光っていて、それがなんとも野性味にあふれていた。生命力にあふれた田舎の少女。

しかしその中に、らいてうは野枝の聡明さとひたむきな向上心をしかと感じ取った。そしてこういう少女こそ、『青鞜』で育て、立派に才能の可能性をひきだしてやらなければならないという、使命を感じた。

時代の先端を行く平塚らいてうから、「理由のない強制とたたかってくれ」と励まされた野枝は、勇気が奮いたつ思いに駆られた。そしてついに思い切ってみずから故郷に帰り、末松家とじかに交渉し、また叔父や父母たちを説得しようと決意した。

七月末、野枝は一人で今宿の土を踏んだ。だが帰ったその日から、野枝はガンジガラメの束縛を受けねばならなかった。父や母の体面を汚してくれるなと泣きつかれ、学費や養育費を受けた恩を忘れた不義理さを責められる。そして日々の行動は厳しく監視された。一ヶ月もたたぬうちに、野枝は心身の疲労で病臥してしまうほどであった。絶望のあまり、幾度か自殺も考えた。

この時のことを野枝は「日記より」でこう記している。

> 十重二十重に縛（いまし）められた因習の縄を切って自由な自己の道を歩いて行こうとする私は、因習に生きている、両親やその他の人々の目からは、常軌を逸した、危険極まる、道を平気で行く気違いとしか、見えないだろう。（中略）
>
> だけど、今になって、両親や周囲の者が狼狽して、もとの生地に直そうとする、注文が無理なのじゃないだろうか？　私は一度開いた目を閉じて、大勢の、めくらと一緒に生命のない、卑怯な馬鹿な生き方はしたくない。

いくら交渉を重ねてもラチはあかない。そう判断した野枝は、らいてうに再び手紙を書いた。郷里での実情を訴え、再度家を出たいのだけれども、旅費がないので困っていると懸命に書き連ねた。さらに、どうか援助してもらえないかとも哀願した。

野枝からの手紙があまりに切迫した調子なのに、らいてうは驚いた。この訴えを放っておいたならば、あるいは一人の女の命が失われるのではあるまいか、と思った。思い悩んだ彼女は、野枝の手紙から推量して辻の家を二日がかりで探して訪れた。「いかにも神経質らしい渋味のある青年」辻潤と会ったらいてうは、すぐに彼に好意を感じた。辻からは並々でない教養が感じられ、辻が野枝の才能の芽に期待と抱負を持っていることも強く伝わってきた。また経済的に底をついている、という辻の言葉にもその率直さが好感を持てた。

「とにかく野枝さんを東京へ呼んでやりましょう。旅費ぐらいは私の方でなんとかします。東京へ帰ってからの野枝さんの仕事のことも何とか考えてみましょう」――らいてうは辻にこういい、辻の協力も求めた。

らいてうの送金をえて、野枝が上京できたのは九月末であった。帰郷中の野枝の態度から、その決心の固さを見てとった両親や叔父たちも、ようやく離縁を承諾した。末松家には陳謝して野枝の学費は叔父が返済し、協議離婚することに話がついた。離婚の届出は半年後の一九一三年(大正二年)二月一一日であった。

東の渚

上京した野枝は、さっそくらいてうのもとにお礼の挨拶に出かけた。そして一〇月から、野枝は

『青鞜社』に出入りするようになった。はじめは事務員としてでも働かせてもらおうと野枝は考えていたが、らいてうは野枝に文章を書いてみるようにと勧めてきた。らいてうは、野枝の中に確かにある「力」を直感していた。

野枝の胸は高まった。『私の文章が、青鞜に載る！』

そうして書かれたのが、野枝のデビュー作「東の渚」である。これはこの夏、苦しい思いを抱きながら、じっと今宿の海を見つめていた時に生まれた詩だ。（ケエツブロウとは海鳥の名である）

東の磯の離れ岩、
その褐色の岩の背に、
今日もとまったケエツブロウよ、
何故にお前はそのように
かなしい声してお泣きやる。

お前のつれは何処へいった
お前の寝床はどこにある——
もう日が暮れるよ——ごらん、
あの——あの沖のうすもやを、
何時までお前はそこにいる。

岩と岩との間の瀬戸の、
あの渦をまく恐ろしい、
その海の面をケエツブロウよ、
いつまでお前はながめてる
あれ——あのたよりなげな泣き声——
海の声まであのように
はやくかえれとしかっているのに
何時までそこにいやる気か
何がかなしいケエツブロウよ、
もう日が暮れる——あれ波が——

私の可愛(かわ)いいケエツブロウよ、
お前が去らぬで私もゆかぬ、
お前の心は私の心
私もやはり泣いている、
お前といっしょにここにいる。

ねえケエツブロウやいつその事に

死んでおしまひ！　その岩の上で――
お前が死ねば私も死ぬよ
どうせ死ぬならケエツブロウよ
かなしお前とあの渦巻へ――

『青鞜』の一九一二年（大正元年）一一月号にこの詩は掲載された。今宿でガンジガラメの束縛を受けていた野枝。荒海をじっと見つめていた野枝は、岩場の海鳥ケエツブロウに自分の姿を重ねた。「おまえが死ねば私も死ぬよ」と野枝はいう。しかも、どうせ死ぬなら岩の上で死ぬのではない。荒波の中へ、渦巻の中へ飛び込んでいくのだ。

稚拙な詩ではあるが、やむにやまれぬ激しい思いがほとばしっている。この後、野枝は『青鞜』紙上で、数多くの作品を発表していく――「作家になる」という夢を実現させていくのであった。時代は、大正の世となっていた。

第二章　新しい女

平塚明

平塚明（はる）は一八八六年（明治一九年）、東京市麹町（こうじまち）区（いまの千代田区）に高級官僚の末娘として生まれた。姉は一八八五年、孝明天皇祭の日に生まれたので「孝（たか）」と名付けられ、翌年に年子で生まれた彼女は「明」とされた。父定次郎は会計検査院の職にあり、ドイツ語が堪能で、帝国憲法草案の起草にもたずさわった有能な人物であった。娘たちの命名に天皇名の文字を引用したところに、維新をになった若きエリート官僚の自負と気位がのぞいていた。

一八九八年（明治三一年）、明はお茶の水の東京女子師範高等女学校に入学した。女学校の三年になった頃、多感な少女であった明は、何故か富士山への強い憧れを抱いていた。そして思い切って「夏休みに登山してみたい」と申し出てみた。しかし父は「馬鹿な！ そんなところは女や子どもの行くところじゃない」と言下に拒絶した。嘲（あざけ）りと哀れみを含んだような父親の表情は、明の気持ちを深く傷つけた。逆らいもならず黙って引き下がりながら、承服できない思いが強く「お金さえあれば背いてでも行きたい」と明は思った。この時から彼女の中では、官僚的な父親への無意識の抵抗がはじまっていった。

お茶の水高女から日本女子大学家政科に入学したのは、明が一七歳、一九〇三年（明治三六年）であった。だが大学の講義にはしだいに失望していき、明は「人は何で生きるのか」という根本的な問いの答えを求めて、図書館に通いつめた。そして東西の哲学書、宗教書などを手あたりしだいに読んでいった。この根本的な問いは、当時の多くの知的青年を捉えていた問題であった。この年、第一高等学校生の藤村操が「巖頭之感」を残して華厳の滝で自殺したのは、明にとっても大きなショックであった。

やがて自己の内部を見つめようとした明が、その一つの方法として見出したのが、禅の静座工夫という内観法であった。日暮里にある「両忘庵」の門をくぐり、ここでしばしば座禅をくんでいる。大学卒業の年、明は老師に認められて見性を許され、「慧薫」という安名をさずけられた。

一九〇六年（明治三九年）、明は日本女子大を卒業した。二〇歳の明は、「両忘庵」で禅の修行を続けながら、漢文や英語を学ぼうと考えていた。原典をもっと読みたい明は、語学力をつける必要があったのだ。家族には図書館に通うといって、二松学舎や女子英学塾、成美女子英語学校に通った。これらの学費は、家からのこづかいと、女子大の夏休みに習得した速記の収入でこと足りた。さらに姉の孝が養子を迎えて結婚し、平塚家の跡継ぎが定まり、「当時の娘として最大限の自由」を明は許されていた。

一九〇七年（明治四〇年）、成美女子英語学校でテキストとして使われたゲーテの『若きウェルテルの悩み』で、明は初めて外国文学に触れ、文学に目覚めた。そして同校の新任教師で文芸評論家の生田長江（一八八二年〜一九三六年）に師事するようになった。六月、生田が「閨秀文学会」という若い女性の文学研究会をはじめると、明もこれに参加した。会員は十数人であったが、講師には与謝野晶子などが名を連ね、生田の友人であった森田草平（一八八一年〜一九四九年）もその一人であった。

明は生田に勧められてはじめての小説「愛の末日」を書いた。この小説を読んだ森田から、明宛てに感想の手紙が届いた。それは明の才能を高く評価するものであった。この手紙をきっかけとして、一九〇八年（明治四一年）二月から二人は個人的につきあうようになった。

塩原、雪の彷徨事件

三月二一日、明と森田は塩原から日光に抜ける尾頭峠(おがしら)付近の山中で救助されるという「塩原事件」を起こした。三月二五日の「朝日新聞」は次のような見出しでこの事件を報じている。

「自然主義の高潮　紳士淑女の情死未遂
情夫は文学士小説家、情婦は女子大卒業生」

そして記事の内容はこうである――会計検査院平塚定次郎の次女明子、二一日夜九時頃から突然家出をし、家族から警察署に保護願いが出された。友人のもとに、明子が宇都宮から日光方面に向かった、との手紙がきたとのしらせが入った。そして明子が情人の文学士森田草平と「手を携えて徘徊し居るところ」を、塩原村で巡査の手におさえられたというものであった。

マスコミは面白おかしくこのことを書き立てた。森田には妻子があり、平塚明とは文学上の趣味を同じくすることから、遂に離れがたき情交を通じ、二人は情死の覚悟に至ったと報道している。事実かどうかの確認はなく、日本女子大は卒業生名簿から明の名前を抹殺した。

だがこの事件を明は、世間でいわれた「情死行」ではなく「哲学的心中」であったとしている。明が家に残した書き置きには、「わが生涯の体系を貫徹す」と記されていた。

また、明はのちに自伝の中でこう記している。

> この夜、この峠の頂で、この眼で見た月光のなかに照らしだされたまばゆいばかりの氷の山々の大パノラマ！（中略）私は、何ともいいようのない有頂天な幸福感にひたっていました。そして命をかけてきた自分がわかったような満足感を同時に味わいました。

森田の友人、生田は塩原まで二人を迎えにいった。森田の師であった夏目漱石は、森田の身柄をあずかり事のいきさつをくわしく聞いた。そして同じく夏目漱石を師とする生田は、漱石の使いとして明の父親に面会を求めて謝罪をしている。この時「いづれ時機をみて結婚させる」という申し入れを伝えた。だが父親は「直接娘に聞くように」とそっ気なく返答した。娘の醜聞には激怒しながらも、明が常識の尺度では計りえない性格を持ち、男の支配をもっとも嫌うことを、鋭く感じ取っていたのかもしれない。

明は「結婚は毛頭考えていない」と断言した。母の光沢（つや）と対面した明は、この先のことを聞かれ、「将来は速記者にでもなる」といっている。母は「だれが男のひとと家出したような女（ひと）を使ってくれますか」と応えた――明は一夜にしてスキャンダラスな存在となったのだった。

この後、明は世間の執拗な興味本位の目を避けて、鎌倉の円覚寺や信州で暮らしている。

やがて東京に戻り、読書や禅の瞑想をおこなう内的生活に沈潜した。誰も立ち入らせない孤高の世界へのなれ親しみは、明の生涯の心の指針となっていく。またこの「塩原事件」を契機に、性差別や男尊女卑の社会で抑圧された女性の自我の解放にも、興味を持つようになっていくのだった。

平塚らいてうの誕生

塩原事件の後、明の心には、生田からいわれたこの言葉が重く響いていた。

「あなたは力がありながら、自分のその力を、人のため、世のために使わないから、今度のようなことになるのです。トルストイは、人間は他のためになることをしなければ、ほんとうの人生というものはわからないといっている。あなたも、これから人のためになにかなさるんですね」

やがて生田は「女性ばかりの文芸雑誌をやらないか」と勧めてきた。明ははじめは気にもとめず聞き流していたが、「何ページぐらいのものを、何部刷って、印刷費がいくらかかる」「お母さんにお話しになればそのくらいの費用はきっと出してくださるでしょう」と具体的なアドバイスまであった。

明の決心はなかなかつかなかった。だがその頃、姉の学校友達の保持研子(やすもちよしこ)が明の家に泊まっていたが、雑誌を作る話をすると彼女はたいへんな乗り気であった。保持は日本女子大の国文科を出て、この頃職探しをしていた。「ぜひおやりなさい。一緒にやりましょう、何でも手伝います」と熱心に語った。決心できずにいた明だったが、この言葉で踏み切ることとなった。

二人は夜を徹して、趣意書や規約の草案を作り、生田の家を訪ねた。そして雑誌の誌名を一緒に考えた。生田はこういった。「いっそブルー・ストッキングはどうでしょう。こちらから先にそう名乗って出るのもいいかもしれませんね」

十八世紀の半ば頃、ロンドンのサロンに集まって、さかんに芸術や科学を論じた新しい婦人たちが、青い靴下をはいていたことから、ブルー・ストッキングは何か新しいことをやる婦人を嘲笑する言葉であった。明たちはあえてこの言葉の日本語訳の「青鞜」を使うことにした。

明と保持は、趣意書の謄写版刷をもって学友を中心に勧誘してまわった。そして五人の発起人が集まった。平塚明、保持研子、中野初子、木内錠子、物集和子である。やがて彼女たちの熱い思いは、多くの同時代の女性たちへと波紋を広げていった。そして五人は男性作家の中で孤立状態にあった女流作家に、賛助員になってもらえるように訪問を重ねた。その結果、長谷川時雨、与謝野晶子、田村とし子など多くの作家が賛助員となった。

一九一一年（明治四四年）九月一日、遂に『青鞜』創刊号が出た。表紙は、長沼智恵子（のちに高村光太郎の妻）が担当した。クリーム色の地に、昂然と横顔を上に向けたギリシアかエジプト風の女性の立像が描かれていた。巻頭を、与謝野晶子の「そぞろごと」が飾った。

山の動く日来る。
かく云へども人われを信ぜじ。
山は姑く眠りしのみ。

その昔に於いて
山は皆火に燃えて動きしものを。
されど、そは信ぜずともよし。
人よ、ああ、唯これを信ぜよ。
すべて眠りし女（おなご）今ぞ目覚めて動くなる。

このような力強い断章が九ページにわたって続いた。そして伊藤野枝も感激した、明の「発刊の辞」も掲載された。

元始、女性は実に太陽であった。真正の人であった。今、女性は月である。他に依って生き、他の光によって輝く、病人のような蒼白い顔の月である。
偖（さ）てこゝに「青鞜」は産声を上げた。

この時、はじめて「らいてう」の筆名を使った。白雪の山嶺に棲む「雷鳥」の孤高を思ってつけたのだ。「孤高」の精神世界はやはり彼女の生涯を貫くものであった。

『青鞜』への誹謗

『青鞜』の巻末には「青鞜社」概則があった。そしてその第一条にはこうある。

本社は女流文学の発達を計り、各自天賦の特性を発揮せしめ、他日女流の天才を生まむ事を目的とす。

青鞜社には、さまざまな才能のある女性たちが集まってきた。新鋭のメンバーは、津田英学塾の学生であった榊纓（さかきえい）（神近市子）、大阪から馳せ参じた尾竹紅吉（べによし）（富本一枝）、江戸っ子の小林歌津子、作家で歌人の岡本かの子などである。

尾竹紅吉は大柄で型破りな女性であった。すらりと伸び切った大きな丸みのある身体と、ふくよかな丸顔をもつ少年のような画家であった。そして、あたりはばからずに歌いながら歩くのが常であった。やがて彼女は二つの事件を起こすことになる。

紅吉はバー「鴻の巣」に広告をもらいに行き、そこでフランスで流行している五色につぎ分けた洋酒を見て、その美しさに魅せられた。そして飲みもしないのに、『青鞜』の第二巻七月号で五色の酒の魅力について書いた。これに対し、新聞は「新しい女、五色の酒を飲む」とセンセーショナルに書き立てた。「五色の酒」事件である。

また紅吉の叔父の尾竹竹坡（ちくは）画伯が「女の問題をやるなら不幸な女の実態を知らなければ」と意見し

てきた。そして画伯の膳立てで、紅吉、らいてうらが吉原に行くことになった。そして花魁に会い話を聞き、一泊見学をした。これをマスコミに糾弾され、世間のごうごうたる非難は、らいてうの家が投石されるという事態を招いた。「吉原登楼」事件である。

マスコミがつけた「新しい女」という流行語に対し、らいてうはこれを逆手にとって『中央公論』一九一三年（大正二年）一月号に「私は新しい女である」という評論を掲載した。男たちによって作られた旧い道徳や法律を打ち壊すことによって、新しい女の生き方を提示しようとしたのだ。そして「新王国を創造しようとしている」とも書いた。

この後、らいてうは婦人論を系統だてて勉強し始め、一九一三年の『青鞜』の全ての号には、付録として婦人問題の特集が組み込まれるようになっていくのである。またらいてうは、スウェーデンの婦人解放思想家エレン・ケイの『恋愛と結婚』を訳載しはじめた。『青鞜』は文芸誌から、婦人問題を主題とする雑誌へと変わりつつあった。

——そしてこの頃、新しく青鞜社の社員に加わったのが、伊藤野枝であった。

野枝の入社

一九一二年（大正元年）一〇月、『青鞜』に社員として初めて野枝の名が載った。そして一一月から野枝は、毎日のように青鞜社の編集室やらいてうの自宅に手伝いに出向くようになっていく。野枝はのちに自伝的小説「雑音」の中で、らいてうの家を訪ねた一日をこう書いている。

明子の書斎にはまだ誰の姿も見えなかった。私を見ると明子は優しく微笑みかけて、「いらっしゃい、この間は帰りが遅くなって寒かったでしょう。」と三畳の室に私の方に火鉢をおしやりながら静かな声で話しかけるのであった。（中略）

「じゃそろそろ仕事を始めましょうね。原稿は大抵そろっていますから頁数をきめましょう。この社の原稿紙三枚で一頁になるのですから、そのつもりで数えてくださいね。」

教えられた通りに私は一枚々々数えていった。広い邸内はひっそりとして、縁側においた籠の中に入れられている小さな白鳩が喉をならす音がなごやかに四辺に散る。後の室にかけられたオランダ時計がカチカチ時をきざむ。静かだ。本当に静かだ。明子はうつむいて原稿紙にペンを走らしている。

野枝にとって、『青鞜』編集室はほっと息のつける場所になっていった。夫の辻潤がまったく働かず、ペン先一本も買えない窮乏のどん底で野枝は喘いでいたのだ。そして野枝の窮状を知ったらいてうは、普通の倍もの編集手当を野枝の手に握らせるのだった。

らいてうにとって、野性味をおびた野枝のエネルギッシュな存在は、今まで見たこともないものであった。そしてらいてうは野枝のことを、将来有望であると心ひそかに思っていた。無造作な束髪にして、身なりにもかまわず化粧気もない野枝だったが、打てば響くという実践的なところがあった。それは役に立つ人として、社内の誰からも親しまれていく。また、一番年下であったが、溌剌とした生気は、小柄なひきしまった体にみなぎり、動作も声も生きいきと弾んでいる。小鼻をひろげるような話し方で、誰とでもよく話し、誰の話にも一番明るい声を上げて笑いころげる。野枝の生きいきした、いつも生命力にあふれるような姿は編集室を明るくしたのだ。

野枝は原稿の整理をしたり印刷所に通ったりするうちに、野枝と同世代の小林歌津子と親しくなった。

平塚さんの室には一日おき位にはたずねて行った。そのたびに大抵歌津ちゃんには会っていた。わたしはようやく少しずつ、その人たちの間に交じっておちつきを見出し得る位の余裕を持つことができるようになってきた。

今までの私の周囲に見出し得なかった、ある自由な束縛のない、初めは多少の驚異の心持ちを交えて眺めていたその人たちの生活に、だんだん引き込まれて行くのが自分でも解るくらいになってきた。

小林歌津子は、野枝の一歳年長であり、江戸情緒をつたえる短編を多く書いていた。そして、〝歌津ちゃん〟と呼ばれて誰からも愛されていた彼女は、人柄がよく、新しく入ってきた野枝に対する接し方も温かかった。野枝はのちのちまで、数少ない〝好きな女性〟のひとりとして彼女を数えることになる。

また野枝は、当代きっての女流作家である同人の人々と交わり、彼女たちの感覚や知識を精一杯に吸収していくのだった。そして「東の渚」の詩からはじまって、書きなれるにつれしだいに自分の思いを的確に表現できるようになっていった。らいてうが『青鞜』批判に応える形で中央公論に「私は新しい女である」の評論を発表した時に、野枝は「新しき女の道」を『青鞜』に書いている。

新しい女、野枝

一九一三年（大正二年）一月『青鞜』に載った、伊藤野枝一八歳の文章である。

新しい女は今までの女の歩み古した足跡を何時までもさがして歩いてはいかない。新しい女には新しい女の道がある。新しい女は多くの人々の行止まったところより更に進んで新しい道を先導者として行く。（中略）

先導者はまず確固たる自信である。次に力である。次に勇気である。しかして自身の生命に対する自身の責任である。

野枝がはじめての評論を『青鞜』に載せた頃、世は「大正政変」の激動の時期であった。立憲政友会の尾崎行雄が「桂太郎首相弾劾演説」をおこなったのは、二月五日だった。前年の暮れに成立していた第三次桂内閣の「思想弾圧政策」への批判は「閥族打破・憲政擁護」のスローガンの下、一大国民運動として盛り上がっていたのだ。二月一〇日には数万人の民衆が帝国議会議事堂を包囲して野党を激励していた。

そんな騒乱の中、『青鞜』の二月号に野枝は「此の頃の感想」を載せた。だがこの号は二月八日に発禁処分となった。読売新聞の取材に対してらいてうは、福田英子（ひでこ）の「婦人問題」が社会主義的であったか、野枝の「此の頃の感想」が原因であったかもしれない、と答えている。

「此の頃の感想」は教育家と現在の結婚制度に対する野枝の批判を論じたものであった。読売新聞の取材に対して、野枝はこう答えている。

つまり学校なぞで先生から教えられる倫理に反対したので、たとえ境遇に甘んぜよと教えても甘んじられないと刃向かい、あるいは結婚については人の手を借りたりまたは目的や要求のある結婚を排斥したのです、つまり恋愛以外の結婚をです。

そして二月一五日には、青鞜社講演会で野枝は演台に立っている。演題は、『青鞜』にも書いた「此の頃の感想」である。この講演会は、女性の政治集会を禁じた「治安警察法」下にあってかなり勇気を要するものであった。『青鞜』は政治結社ではないが、女性解放運動を志向するものとして、当局から睨まれるおそれは多分にあった。

朝日新聞はこう書いている。

伊藤野枝という一七、八の娘さんがお若いにしては紅い顔もせず「日本の女には孤独ということが解らなかったように思われます」といった調子で此の頃の感想というものを述べた。

この日、会場である神田青年会館には千人を超える聴衆がかけつけた。その中には、大杉栄の姿もあった。大杉は後にこの時の野枝のことを「丁度、校友会でもやるように莞爾しながら原稿を朗読した、まだ本当に女学生々々していた彼女」と述べている。

この講演会は、女性たちによる公開講演会の皮切りとなり、以後つぎつぎと各団体でおこなわれるようになっていった。らいてうの予想どおり野枝はグングンと成長し、〝新しい女〟たちの論客の一人と認められるようになっていくのだ。

出産

講演会の少し前、野枝ははじめての子を妊娠しているのに気づいた。辻は昼間から寝そべって本を読み、いつ出版されるともしれない翻訳を続けていた。のんきにかまえている辻を前にして、野枝はとまどっていた。大人四人が食べていくのもままならないのに、子どもが生まれて大丈夫だろうか。だが、お腹がしだいに大きくなってくるにつれ、野枝の胆は据わってくる。

らいてうは後に「伊藤野枝さんの歩かれた道」を書いている。この中で、一八歳の野枝についてが詳しく書かれている。当時の困窮生活について、野枝はこう語っている。

ほんとうに人間が食べてゆかなければならないということは骨の折れることですけれど、餓死するということはもっと骨の折れることに相違ないわ。だからいくら困ったってそうすぐ飢え死にする気遣いはないと思うの、まあそう思って安心しているのよ。

そしてこの困窮のさなか野枝は九月、長男一（まこと）を出産したのだ。野枝のお産は軽く、産後の肥立ちもよかった。そして若い野枝は乳の出も豊かだった。体が落ち着くと、野枝はこれまでの自分を題材に、小説を書きはじめる。この頃、野枝が友人にあてた手紙である。

　あなたも御存じのように私たちはそのころ貧乏のどん底にいました。私は子供のためにただそれのみ苦にやんでいました。けれど私は私が苦しがるたびごとに言いました。こんな生活に堪えられないような抵抗力のない子供ならば、生まれてくるはずはない、と。

　この子のためにこれから私がどの位までに左右されるかと思うと情けなくもなります。何だか恐ろしい気がします。けれど私は今迄のコンヴェンショナルな情実から世の常の平凡な、子の犠牲になってしまう母にはなりたくないと思います。なっては大変だと思います。

やがて母になってからの野枝は、いっそう逞しくなっていった。出産してほどなく、野枝は赤ん坊をつれて編集室に出てくるようになった。目のくりっとした可愛い赤ん坊は、女性ばかりの編集室の人気者になった。だがやがて赤ん坊が動きまわるようになって、畳の上に粗相することがあっても、野枝は形ばかりおむつで拭いておくという程度だった。また縁側から庭先へ、赤ん坊に排便させたあともそのまま帰ってしまうありさまだった。そのたびに保持研子が、文句をいいながら後始末をするのだった。

しかし有能な野枝は、寄贈本の書評なども赤ん坊をあやしながら、手際よくまとめた。そしてらいてうも「野生の情熱」と驚いているが、青鞜社への世間の攻撃に一番むきになって怒るのは野枝だった。決して黙っていられず、新聞や雑誌を叩きつけて「書いてやるわ」とすぐペンを取り反駁文を書くのだった。

エマ・ゴールドマン

この頃、野枝は人生の一大転機をもたらす人物に出会っている。エマ・ゴールドマンである。

エマ・ゴールドマン（一八六九年～一九四〇年）は、リトアニアのユダヤ系の家庭に生まれた。そして一三歳の時、一家はペテルブルグに移住した。「女に学問はいらない」と説いて、早く結婚させようとする父親と対立する日々であった。

一八八五年、一六歳のエマは姉とともにアメリカへ移住し、縫製工場で働いた。だがミシン女工の毎日は、朝早くから夜遅くまで足でペダルを踏む、苛酷な労働であった。エマは資本主義に対する反感をいだくようになった。

一八八六年のヘイ・マーケット事件（※1）に刺激を受けて、エマはアナキストのグループと出会う。

そしてその後、あらゆるアナキズムの集会、労働争議に姿を現し、火を吹くようなアジテーションによって、闘争の先頭に立った。同時にそれは、常に官憲の迫害に追われる毎日となった。一八九三年以降、反戦運動や産児制限運動などに連座して数回投獄されたが屈しなかった。一九〇六年からは、同志であるアレクサンダー・バークマンとともにアナキスト機関紙『母なる大地』を発行した。

野枝は、ヒポリット・ハヴェルの書いた『エマ・ゴールドマン小伝』を、一九一三年夏に偶然読んだのだが、その時激しい衝撃を受けた。後に野枝はこう記している。

自分は彼女の小伝を読むにあたって自分のもった大いなる興味と親しみと熱烈なある同情と憧憬を集注させて、いろいろな深いところから来る感激にむせびつつ読んだ。『何というすばらしい、そして生甲斐のある彼女の人生だろう！』

自分はある感慨に打たれながら心の中でこう叫んだ。

野枝は、権力に対するエマの体当たり的行動に魅力をおぼえ、困難に出会うほど燃えさかる情熱に深く共鳴した。野枝は《エマになりたい》と思ったのだ。後に生まれる娘に「エマ」という名前をつけるが、それは野枝自身がエマとなり、エマとして生きたいという意志の現れであった。

野枝は彼女の考えをもっと知りたいと考え、一九一三年九月『青鞜』で、エマの「婦人解放の悲劇」を翻訳することにした。長男が生まれる直前である。翌一九一四年三月には、『エマ・ゴールドマン小伝』とエレン・ケイの「恋愛と道徳」を加えて、『婦人解放の悲劇』という翻訳本を出版した。野枝の初出版である。この翻訳には辻潤の協力が大きかった。だが巻頭を飾るその序文には　野枝自身の手でこう記されている。

『解放』というのは髪の結び方をちがえるのではない。マントを着て歩くことでもない。まして『五色の酒』とかを飲むことではない。しかし新しき服装を笑い、女が酒を飲むことを恐ろしき罪悪であるかのごとく罵って高尚がったり、上品ぶったりしている人等にはいよいよ解放などということはわかりそうもない。（中略）

解放は女子をして最も真なる意味において人たらしめなければならない。肯定と活動とを切に欲求する女性中のあらゆるものがその完全な発想を得なければならない。すべての人工的障碍が打破せられなければならない。おおいなる自由にむかう大道に数世紀の間横たわっている服従と奴隷の足跡が払拭せられなければならない。

※1　ヘイ・マーケット事件

シカゴで八時間労働制を求める労働者のストライキとデモが発生。労働者四名が警官により射殺される。ヘイ・マーケット広場で抗議集会が開かれたが、そこで警官隊と衝突し、両方に死傷者がでた。検察側は証拠不十分にもかかわらず、四人を死刑にした。

『近代思想』

大杉栄は『婦人解放の悲劇』の出版を、雑誌『近代思想』の一九一四年五月号で取り上げている。大杉は野枝の一〇歳年上であった。大逆事件で刑死した幸徳秋水の弟分にあたるアナキストである。なお、一九一〇年に大逆事件がでっちあげられた時、エマ・ゴールドマンはニューヨークで抗議集会を開き、日本政府に抗議文を送っている。（この時野枝は、まだ上野高女の四年生であった。）

大杉はまず、らいてうがエレン・ケイにひかれたのは、らいてうの強い個人性がエレン・ケイの自己完成論と恋愛論に興味を覚えたのではないかとしている。またこうも記している。

> 氏の思想の時としてははなはだ神韻漂渺（ひょうびょう）たる、また多少社会革命というような気がありながらもなお自らを独り高くして自己革命のみに臨み止まれるごとき、もとより他からも起因する所はあるに違いないが、かの禅からきた影響が多分にあるように思われる。

そして野枝に対してはこう評している。

> 野枝氏はこのらいてう氏の影響を受けた人である。氏はまずエレン・ケイの恋愛と道徳を翻訳した。若い、そして熱烈な恋愛を経験した氏としては、当然のことである。しかし野枝氏はエレ

ン・ケイに対して「自分は彼女の思想の中に、自分達と同じ系統をもった意見を発見し彼女の議論に共鳴するある者を見出すことはできる」が、しかし「自分にはそれ以上に彼女に親しみを持つ事はできない」といっている。

氏はエレン・ケイに対してなお不満足なる、偉(おお)いなる何物かがあったのだ。野枝氏はやがてエマ・ゴールドマンに走った。

大杉はらいてうと野枝の本質的な差異を穏やかに、しかし的確に指摘している。そして、やがてらいてうのもとから、飛び立つ野枝を予感している。大杉はこう記している。

　こういってはなはだ失礼かもしれんが、あの若さでしかも女という永い間無知に育てられたものの間に生まれて、あれほどの明晰な文章と思想を持ち得た事は、実に敬服にたえない。これは僕よりも年長の他の男が等しくらいてう氏に向かってもいい得た事であろうが、しかしらいてう氏の思想は、ぼんやりしたある所で既に固定した観がある。僕はらいてう氏の将来よりも、むしろ野枝氏の将来の上によほど嘱目(しょくもく)すべきものがあるように思う。

この文章を読んだ野枝の感激は、いかばかりであっただろうか。

大杉は、らいてうの「社会革命抜きの自己革命」を批判したのだ。そして、野枝の「成長」を呼びかけたのだった。

らいてうと奥村博史

らいてうは一九一二年夏、五歳年下の美術家奥村博史に出会っていた。そして一九一四年一月、野枝が『婦人解放の悲劇』を出版しようとした頃、らいてうは生家を出て奥村と共同生活をはじめた。らいてうは『青鞜』誌上に「独立するに就いて両親に」を掲載している。

私は現行の結婚制度に不満足な以上、そんな制度に従い、そんな法律によって是認してもらうような結婚はしたくないのです。私は夫だの妻だのという名だけにでもたまらないほどの反感をもっております。

らいてうは彼女の「私生活」において、その理想を実現しようという道を選んだのだ。

だが、らいてうも奥村も実生活の経験が乏しい。台所に立って料理をするということが苦手だった。そこで見かねた野枝は、共同炊事を提案した。六月、らいてうたちは、野枝の家に近い上駒込に引っ越ししてきた。月十円で野枝が四人分の料理をすることになった。

しかし、らいてうは『元始、女性は太陽であった』の中でこう書いている。

野枝さんのつくってくれる食事ですが、いま思うと、よくあそこで食事をしたものだと、おかしく思われます。あのころ、辻さんのお母さんたちはどういうわけがあってか、別居していたからでしょうが、家のなかには、炊事道具などほとんどなく、金盥(かなだらい)がすき焼き鍋に変わったり、鏡を裏返して、俎板(まないた)代わりに使われたりしていました。茶碗などもないので、一枚の大皿に、お菜とご飯の盛りつけです。

野枝さんは、料理が下手というより、そんなことはどうでもいいというふうで、コマ切れのシチューまがいのものを、ご飯の上にかけたものなど、得体の知れないものをよくつくりました。仕事は手早い代わりに、汚いことも、まずいことも平気です。

野枝の好意ではじまった共同炊事であったが、生まれつき肉嫌いで、食べ物の好き嫌いが激しい奥村の反対もあり長くは続かなかった。保持研子が郷里に帰り、古くからの同人はらいてう一人となっていた。そのうち、編集の雑務に疲れたらいてうは、持病の頭痛がひどくなってきた。毎日やってくる郵便物の整理さえ手につかなくなってきた。その上に『青鞜』の販売不振や、社員の離散などの悩みも大きい。ついに『青鞜』の九月号は休んでしまった。三周年記念号と銘うった一〇月号を何とか発行した後ついに、らいてうの心の糸が切れた。

『静かな自分の時間をもちたい、静かに考えたい、静かに読み、静かに書きたい――このままでは、自分自身の心の生活が失われてしまいそうだ』

らいてうは、すべてから解放されたいと、奥村とともに「絵の具箱だけを持って逃げるように」千葉の御宿へ旅立った。一〇月一二日のことであった。

留守は野枝に託された。いつものように野枝は、らいてうの頼みをニコニコと元気よく引受けたのだった。

『青鞜』を引き継ぐ

らいてうの御宿滞在は長引いた――一一月号の編集を懸命にしながら、野枝の心の中にはある想いが生まれてきた。それは『青鞜』を自分が主宰したい、というものだった。

野枝は完成した『青鞜』一一月号とともに、らいてうに長い手紙を送った。『青鞜』への自分のかかわりが中途半端だ、だからもうやれないという内容だった。続いて追いかけるように、「『青鞜』を任してみてくださいませんか」と申し出た。

らいてうは迷った。『青鞜』を手放すなら、むしろ廃刊にしたいとも思う。そんな思いで、一一月一五日、らいてうは野枝を訪ねた。野枝は「元気いっぱいで、ピチピチして」いた。

らいてうは「青鞜と私」でこう書いている。

私は今年限りいっそのこと『青鞜』をきれいに廃刊することにしよう――

私の心はだんだんこんなふうに傾いてくるばかりでした。

けれどまた一方、（中略）ここまできて止めるのは私にはいかにも残念なことのようにも思われてならないのでした。

そうすると私の心は野枝さんによって、野枝さんの手によって続けていってもらいたいという第二の考えに落ちていきました。野枝さんは今一番私を理解していてくれる人だ。ふたりは思想の上にある共通点をもっている。しかも二人は本性において全く相反した傾向をもっているのだ。

もし私の本性をかりに静的だと呼ぶなら、野枝さんの本性は動的である。野枝さんは絶え間なく忙しい生活の中に緊張したほんとうの自分を見出してゆく種類の人であろう。そして今その野枝さんが幸にも自分からこの忙しい雑誌の仕事を引き受けてもいいとまで言い出してくれたのではないか。

二日後、らいてうは野枝を上駒込の社に招いた。そこで青鞜社の責任、財産のすべてを野枝に手渡し、自分は単なる寄稿者になると告げた。そして社の事務所ともなっていた自宅をたたみ、奥村の待つ御宿へと帰っていった。

こうして二〇歳の伊藤野枝は、『青鞜』の新編集長となったのである。

第三章　大杉栄との出会い

新編集長

野枝は自宅の玄関わきの編集室で、ただひとり机に向かっていた。
——広告をとりにいく。原稿を選ぶ。印刷所にいく。紙屋にいく。疲れきって帰ってくるとお腹をすかした子供が待っている。ひまひまを見ては洗濯もせねばならず、食事のことも考えねばならず、校正もくるという有り様だった。そして広告は一つももらえず、嘲笑や侮蔑はたくさんもらった。世間では、わずか二〇歳の野枝がたったひとりで『青鞜』を背負うとは、と驚いた。二号も続くまいと噂していた。

だが野枝は、一九一五年一月号の「編集室だより」にこう書いた。

私が青鞜を引き受けたについて大分あぶながっていて下さる方があるとのことですが、しかし私はどうかして引き受けた以上はやって行くつもりです。私はいつでも私の年が若いということのために、私の力を蔑視されるのが一番口惜しい気がします。私がこの雑誌を続けていける力があるものかないものか、見ていて欲しいと思います。私は私の呼吸のつづく限り青鞜を手放そうとは思いません。

野枝は前年の秋頃から、自身の思想の変化を感じてきた。それは「社会」に対するものであった。

秋に野枝は、「人間という意識」を『青鞜』に載せていた。

私は今こそ本当に直接にヒタと本当の問題に出会(でく)わした。それは社会という大きなものに包まれたいろいろなものについての疑問である。それは痛切な私の問題である。それは無論他人の問題をも含んでいるに違いない。一人の私が直接した問題であり、数万数億の人の面前に迫っている問題である。(中略)ようやく私は人達のいわゆる社会問題を自分の問題として考えることが出来るようになった。小さな私の問題が拡がった。そして深い根ざしを持った。そして私の問題の解決はむずかしくなってしまった。私はあの暗闇を焼きつくす火が欲しい。

野枝は日常生活の苦しさを、「社会」というより深い世界の闇につなげ、この暗い影に向かって精一杯の刃を差し向けようと決意したのだ。

この頃、らいてうは『現代と婦人の生活』でこう書いている。

社会という観念が(中略)私にとっては理論としてはともあれ今の場合実際においては、私の生活を動かすだけの何物でもないのです。(中略)

新しい女だと世間に闘いをいどんだ時代は終わった。いまは社会なぞという虚構に向かって格闘するよりも、自身で抱きかかえられる平和な日常を大切にし、一人の男の必要のために生きることこそ望みなのだ。

この姿勢の違いは、『青鞜』を引き継ぐ資格が当然、野枝にあることを示しているのではないだろうか。また大杉は、かつて『近代思想』で野枝とらいてうを比較した時、「社会革命抜きの自己革命」とらいてうを批判していた。

野枝はらいてうと青鞜社の人びとの優雅な暮らしと、自分の貧しさとの違いを痛いほど感じてきた。新年会があっても、その会場にいく電車賃さえもなかった。これまでの青鞜社の人びとは、父や夫が高級官僚であったり、作家であったり、大学教授であったりしていた。既成の道徳、法律、習慣を破壊しようとする「新しい女」を標榜してきた『青鞜』――それを継いでいくのは、命がけで「社会」と切り結ぼうとする自分である、と野枝は思ったのではないだろうか。

「『青鞜』を引き継ぐについて」で、野枝はこう宣言している。

私は今までの青鞜社のすべての規則を取り去ります。青鞜は今後無規則、無方針、無主張無主義です。主義のほしい方規則がなくてはならない方は、各自でおつくりなさるがいい。私はただ何の主義も方針も規則もない雑誌をすべての婦人達に提供いたします。（中略）

ただ原稿選択はすべて私に一任さして頂きます。私は書かれたものが何であるにしても真実な心で書かれたものならば本当に尊敬いたします。虚偽は一切排斥いたします。真面目に本当に自分を育てていこうとなさる敬虔な婦人達の前に何かのお役にたつべく提供いたします。

そして、野枝はエリート女性だけでなく、一般女性にも紙面を開放していった。

三つの論争

一九一四年一二月号『青鞜』に、安田皐月が「生きる事と貞操と」を書いた。これは前年の秋、生田花世が『反響』という同人誌に書いた「食べることと貞操と」に対する反論であった。花世は女が食べていくためには、貞操をも食に代えるのは止むをえない、とした。それに対し皐月は、貞操というのは女性としての、人間としての尊厳そのものである、として花世を弾劾した。いわゆる「**貞操論争**」である。

野枝は一九一五年二月号の『青鞜』に、「貞操に就いての雑感」を書いてこの論争に加わった。

私がもしあの場合処女を犠牲にしてパンを得ると仮定したならば私はむしろ未練なく自分からヴァージニティを逐い出してしまう。そうして私はもっと他の方面に自分を育てるだろうと思う。私はそれが決して恥ずべき行為でないことを知っている。

そして野枝はこういい切っている。「最も不都合な事は男子の貞操をとがめず婦人のみをとがめる事である」――論争の焦点を「パンか貞操か」といった小さな問題ではなく、より根本的に、女性の貞操をとがめながら男性のそれをとがめない社会制度の欠陥の是正に向けるべきことを強く主張した。

野枝の文章の最後はこうだ。

ああ、習俗打破！　習俗打破！　それより他に私たちのすくわれる途はない。呪い封じ込まれたるいたましい婦人の生活よ！　私たちはいつまでもいつまでもじっと耐えてはいられない。やがて――、やがて。

野枝の爽快な性への解釈が全文に溢れている。野枝の新しい『青鞜』は、重要な社会的テーマを提起したのだ。この後ジャーナリズムは「貞操論」を多く取りあつかった。『読売新聞』は新設した婦人付録に、「生命か貞操か」の特集を一九一五年九月一七日から三〇日に渡って連載した。

「貞操論争」から発展したのが「**堕胎論争**」である。原田（安田は結婚して改名）皐月が、小説「獄中の女より男に」を『青鞜』の一九一五年六月号に書いたことに始まった。

皐月は小説の中で、当時、犯罪とされていた堕胎を肯定している。野枝は同じ号の「私信」の中で反論している。この時、野枝は一歳半の幼児を持つ母であり、そして第二子を妊娠中だった。

皐月さんは自分の腕一本切ったのと同じだとおっしゃっています。（中略）ところが腕を一本他人のを切ってごらんなさい、それこそ大変ですわ、すぐ刑事問題になるでしょう。それと同じですわ、たとえ、お腹を借りていたって、別に生命を持っているのですもの、未来をもった一人の人の生命をとるのと少しもちがいはないと私は思っています。

そしてらいてうがややおくれてこの論争に加わった。『青鞜』九月号に「個人としての生活と性としての生活との間の争闘に就いて」を書いている。この時、らいてうも第一子を妊娠していた――「堕胎をもただそれが生命を侮蔑した不自然なことだというおおざっぱな理由から一般的にそして絶対的に許しがたい罪悪であると断定し去ることはどういうものでしょう」とらいてうは書いている。野枝に対して、堕胎をのぞむ女性たちに罪悪感を覚えさせるべきではない、と批判した。「女は子どもを産まなくてはいけない」という旧態然とした習俗にとらわれないようにしなければならない、としたのだ。

さらに野枝は、『青鞜』一二月号に「傲慢狭量にして不徹底なる日本婦人の公共事業について」を載せた。この中で、婦人矯風会の廃娼運動にふれて、矯風会指導者が売春の世界にいる女性たちを〝賤業婦〟と呼んでいることに激しい怒りを投げつけた。

「賤業婦」と彼女等は呼んでいる。私はそれだけで既に彼女等の傲慢さを、または浅薄さを充分に証拠だてる事ができる。

これが「**廃娼論争**」のきっかけとなった。野枝は矯風会の慈善は虚栄のための慈善であると批判し、その救済者意識に強く反発した。だがそれは、売春を肯定するかのように読者に受け取られてしまった。

この点を鋭く批判したのが、らいてうの友人でもあった青山菊栄である。『青鞜』の一九一六年一月号に「日本婦人の社会事業について――伊藤野枝氏に与う」を、菊栄は書いた。菊栄は野枝の矯風会批判は認めながら、公娼制はなくならないのではないか、とする野枝を批判、「公娼廃止」の可能性を論じた。

野枝は同じ号に「青山菊栄様へ」を書いた。

強制的にそうしたところに堕ちこんだ憐れむべき女でさえも食べるため、生きるためという動かすことのできない重大な自分のためにに恬然としています。

さらに菊栄は、二月号に「更に論旨を明らかにす」で、徹底的に野枝を批判した。これに対し野枝は、同じ号に「再び青山氏へ」を書いているが、それはあまりにも感情的な文章であり反論にはなっていない。

この「廃娼論争」は一方的に理知的な菊栄の勝ちとされているが、はたしてそうであろうか。野枝の発言は、売春をしなければ生きられない貧困層の人びとに、あまりにも共感しすぎて論理的には破綻してしまった、ともいえるのではないだろうか。また、どう見ても惨敗としか見えない「論争」をあえて誌上にさらけだしたところに、野枝の率直さがあるのでは、と思える。

――時に野枝二一歳、菊栄二六歳。この「論争」がきっかけとなって両者は面識を得、野枝は尊敬すべき先輩として親しく接していく。五年後、「赤瀾会」結成のおりには、菊栄に従ってこれに参加している。

こうして野枝の『青鞜』は、らいてうが始めた女流文学中心のものから、婦人解放運動へとはっきりと舵を切ったのだ。だが世界では、第一次世界大戦がアメリカまでも巻きこみ、日本でも物価の高騰が生活をおびやかしていた。ことに洋紙の価格が上がり、『青鞜』も紙質が悪くなりページ数も九〇ページほどに減り、表紙絵もなくなっていた。

谷中村

一九一五年（大正四年）一月のある日、渡辺政太郎夫妻が野枝を訪ねてきた。そこで野枝ははじめて谷中村の話を聞いた。日本初の公害事件である「足尾銅山鉱毒事件」である。

明治時代初期より、足尾銅山から流出する鉱毒が渡良瀬川流域の農地に壊滅的な被害を与えた。なかでも一番被害を受けたのが谷中村であった。政府の対応はひどく、有害物質を沈殿させるために谷中村を廃村にして、そこを遊水地とすることを決めた。すでに泥沼となった農地に一六軒の農家は移転を拒み立てこもっていた。残っている村民は、たとえ水の中に溺れても立ち退かないと、決心していた。だがその最後の村民も強制的に立ち退かされるという。移住しなければ、強制執行、居宅は破壊、樹木は伐採、宅地は地形を変えて住めなくするという、惨いものだった。

聞いているうちに、野枝は怒りで全身がわなわなと震えてきた——後に、野枝はこの谷中村のことを、「転機」にこう書いている。

何の罪もないただ善良で無知な百姓達を惨苦に導く不条理が一つ一つはっきりと見出されるのであった。ああ、ここにもこの不条理が無知と善良を虐げているのか。

事実は他所事でもその不条理の横暴は他所事ではない。これをどう見のがせるであろう？

真剣に考えている野枝のそばで、辻潤が不機嫌な顔をしてこういった。

「おい、何をそんなに考え込んでいるんだい？」

「何って先刻からの事ですよ。」と、野枝は答えた。

「何だまだあんな事を考えているのかい。あんな事をいくら考えたってどうなるもんか。それよりももっと自分の事で考えなきゃならない事がうんとあらあ。」

「そんな事は、私だって知っていますよ。だけど他人の事だからといって考えずにゃいられないから考えているんです。」

野枝はムッとしていった。辻のエゴイスティックな態度が忌々しくて堪らなかった。辻と暮らしはじめて三年——かってはあれほどまでに魅力を感じた辻のエゴイズムが、「社会」に目を向け始めた野枝にとっては、色褪せたものとなってしまっていた。今宿から飛び出してきた野枝を受けとめてくれた〝救世主〟であり、〝師〟でもあったのだが……。

もはや、辻は共に生きる人ではない、と野枝にははっきりと思えた。そして浮かんできたのが、大杉栄のことであった――あのエマ・ゴールドマンの『婦人解放の悲劇』の出版を絶賛してくれた大杉栄である。その四ヶ月後、大杉は野枝の家を訪ねている。「ほんとうによくいらしてくださいました。もうずいぶん久しい前から、お目にかかりたいと思っていたんですけれど」と野枝は親しげに迎えた。二人は冗談まで交わせる仲となった。そして、大杉はドイツの革命家ローザ・ルクセンブルクの写真を、野枝に送ってくれた。

辻との心が冷え切るようなやり取りの後、二日二晩考えあぐねた野枝は、遂に大杉に長い手紙を書いた。それは、ローザの写真のお礼からはじまっているが、谷中村についての自分の高ぶる気持ちを理解してくれるのは、大杉しかいないという思いからだった。

死灰の中から

野枝の長文の手紙は、大杉の自伝「死灰の中から」におさめられている。

今までもそれから今もあなた方の主張には充分の興味を持って見ていますけれど、それがだんだん興味だけではなくなって行くのを覚えます。

一昨夜悲惨なY村（谷中村）の現状や何かについて話を聞きまして、私は興奮しないではいられませんでした。今も続いてそのことに思い耽(ふけ)っています。T（辻）は私のそうした態度をひそかに笑っているらしく思われます。一昨夜はそのことで二人でかなり長く論じました。私はやはり本当に冷静に自分ひとりのことだけをぢっとして守っていられないのを感じます。私はやはり私の同感した周囲の中に動く自分を見出して行く性だと思います。その点からTはずっと違っています。この方向に二人が勝手に歩いて行ったらきっと相容れなくなるだろうと思います。私は私のそうした性をぢっと見つめながら、どういう風にそれが発展してゆくかと思っています。

あなた方の方へ歩いてゆこうと努力はしていませんけれど、ひとりでにゆかねばならなくなるときを期待しています。

この手紙をきっかけとして、野枝の心は急速に大杉に傾いていく。また、大杉にとってもこの手紙は、重大な意味を持っていく。

大杉が一八歳で外国語学校に通っていた頃だった。牛込の下宿に同宿していた早稲田大学の学生たちが、手に手に幟（のぼり）や旗をもち、それに「谷中村鉱毒問題大演説会」と筆太に書いて、ドヤドヤと勇み足で出ていった。大杉が社会問題にはじめてふれたのは、この足尾鉱毒事件だった。それから十数年の時が流れた。世間では、谷中村の問題は下火になっていった。

野枝からの手紙をもらう数日前にも、大杉は社会主義者の堺利彦と谷中村の話をしていた。大杉と堺は、農民たちが本当に溺れ死ぬ覚悟を持っているのかを疑っていた。多少とも同情を期待して抵抗しているのではないか、と語りあっていた。

だが野枝からの手紙は、そんな生ぬるい大杉の知性を吹き飛ばしてしまうものだった。

僕は僕のなまじっかな社会学から、虐げるものと虐げられるものと階級をきめていた。（中略）この虐げるとか虐げられるとかいうのは、僕にとっては、多くの事実そのものから得た実感ではなくただ書物の中で学んだ理屈に映った概念であった。

直接に事実そのものにぶつかって、その生々しい感情が僕自身の肉となり血となっているというようなのはほとんどなかった。

Y村の話の時だってそうだ。官憲が堤防を切るといって嚇かす。僕は官憲としては当然の無法だと思った。村民がいずれは誰かが助けてくれるに違いないと思って、溺れ死んでも出て行かないと頑張る。僕は永年虐遇されて来た村民としては、当然の卑劣、当然の意地だと思った。そしてこの最初から「当然だ」と思われる理知は、その無法に対する憤激や、その卑劣や意地に対する同情や同感を、本当の実感として深めさせない。

僕は僕の幼稚なセンチメンタリズムを取返したい。憤るべきものにはあくまでも憤りたい。

N子（野枝）がY村の話から得たという興奮を、その幼稚なしかし恐らくは何ものをも焼き尽くし溶かし尽くすセンチメンタリズムを、この硬直した僕の心の中に流しこんで貰いたい。

僕が彼女の手紙によって最も感激したというのは、要するに僕が幻想した彼女のこの血のしたたるような生々しい実感のセンチメンタリズムであったのだ。本当の社会改革の本質的精神であったのだ。僕はY村の死灰の中から炎となって燃えあがる彼女を見ていたのだ。

大杉は、自分が知性に傾きがちなのを感じていた。そこに現れたのが「何ものをも焼き尽くし溶かし尽くす」生々しい感情をもった伊藤野枝であった。彼女の中に、社会改革の本質的精神を見たのだ。
大杉は野枝が自分の人生にとって大きな存在となっていくだろう、と予感した。

大杉栄

大杉栄は一八八五年（明治一八年）に、軍人の子として生まれた。大杉少年は、近所の腕白小僧たちを集めては喧嘩に遠征する毎日だった。家に帰れば、母の豊（とよ）に叱られる。豊は眼の大きな、気の強い美しいひとだった。豊は彼の吃り（ども）を心配していたのだ。豊は大杉が吃るたびに横面をはたいた。また、腕白がすぎる時は、箒（ほうき）で打った。だが、その箒は大杉自身が持ってきたものだった。「ほんとにこの子は馬鹿なんですよ。箒を持ってこいというと、いつも打たれることがわかっていながら、ちゃんと持ってくるんですもの」と豊は大杉の頭をなでながら、仲良しの奥さんにいった。母と子は、互いに強情で意地っ張りでありながら、同質で愛しあっていた。後に「眼の男」ともいわれた大杉の風貌は、母の豊ゆずりであった。

軍人の子として、大杉は一四歳で陸軍幼年学校に進んだ。だがここで大杉は、没論理な支配に屈服させる軍人教育に疑問を抱くようになる。なかでも大尉は、大杉を毛嫌いしていた。ある日大尉は、夕飯の時、きょうの月は上弦か下弦かという質問をわざと出した。

「大杉！」と呼ばれて彼は立った。もちろん下弦の月だということはわかっていた。だが吃りの大杉には、「か行」の発音ができなかった。そこで仕方なく「上弦ではありません」と答えた。「それでは何なんだ」と繰り返し大尉は聞いた。大杉は「上弦ではありません」と繰り返した。すると「明日は外出止めだ」といい棄てて、大尉は部屋から出ていった。

大杉はこの大尉をはじめとする上官のもとで、服従していくのが嫌になった。尊敬も親愛もなんにも感じない彼らの、その命令に従うのは、服従ではなく盲従だと思った。大杉はしだいに自由を欲するようになっていった。そして幼年学校三年生の時に、同期と流血の格闘をして学校を追われた。陸軍幼年学校に入った大杉は、ここで徹底した「反軍思想」の持ち主となったのだった。

その後、文学をやりたいという願いには反対されたが、外国語学校でフランス語を学びたいという大杉の願いはかなえられた。そして一七歳の大杉は上京した。陸軍幼年学校の先生から遁（のが）れ、「父や母の目からも遁れ、自由がいま完全に得られたのだ」と大杉は自叙伝の中で書いている。

この自由を楽しむ気持ちは、「ただ自分一人のぼんやりとした本能的にだけではなく、さらにそれが理論づけられて社会的に拡張される機会がきた」――さきに書いた「足尾銅山鉱毒事件」との出会いだった。

時代は、日露の間の戦雲がだんだん急を告げてきた頃だった。愛国の狂熱が全国にみなぎっていた。だがそんな中で、幸徳秋水（一八七一年～一九一一年）と堺利彦は（一八七一年～一九三三年）は、非戦論と社会主義を標榜して週刊『平民新聞』を創刊した。その旗揚げに、大杉は参加した。そこで「どうして社会主義に入ったのか」と聞かれ、大杉はこう答えている。「軍人の家に生まれ、軍人の間に育ち、軍人の学校に教えられて、軍人生活の虚偽と愚劣とを最も深く感じているところから、この社会主義のために一生を捧げたい」

そして一九〇八年（明治四一年）、赤旗事件（※1）で千葉監獄に入った。だがこの入獄が後の「大逆事件」で、大杉がかろうじて逮捕をのがれたことに繋がっていく。

千葉監獄では、大杉は精力的に読書をした。アナキストのクロポトキンからバクーニンまでを読み耽った。また「一犯一語」といって、一回入獄するごとに一つの外国語を習得するという熱心さで、語学のマスターに努めた。バイタリティのある大杉らしいエピソードである。

彼が獄中にあった一九一〇年（明治四三年）、「大逆事件」が起こった。これは、幸徳秋水をはじめとする社会主義者を一網打尽にしようとした明治政府のフレームアップ（でっち上げ）であった。そして幸徳をはじめ一二名が絞首刑となった。この時、大杉は次のような歌を詠んでいる。

春三月　縊り残され　花に舞う

幸徳が刑死し、社会主義者の〝冬の時代〟がきた。そんな中で生き残った大杉栄と荒畑寒村（一八八七年〜一九八一年）が創刊したのが『近代思想』であった。荒畑が文芸批判を書き、大杉が文明批判を書いた。その一九一四年（大正三年）五月号で、大杉は野枝の『婦人解放の悲劇』の出版を取り上げたのだった。伊藤野枝一九歳、大杉栄二九歳のことであった。

※1　赤旗事件
山口孤剣の出獄歓迎会で、赤旗を翻す社会主義者と警官隊がもみ合った事件。

「治安警察法違反」で、一四名が逮捕された。大杉は「先頭罪」ということで、重禁錮二年六ヶ月と一番重い判決となった。

唯一の本当の女友

――大杉は悩んでいた。野枝からの長文の手紙をもらった後、彼はすぐにでも返事を書きたかった。だがそれは、野枝と辻の別れを決定づけるものとなってしまうだろう。また大杉には、長年連れ添った保子という妻がある。『決して彼女に恋をしてはならぬ』と大杉は繰り返し自分にいい聞かせていた。

大杉の『近代思想』は、一九一四年九月で廃刊した。第一次世界大戦が勃発し、人びとは挙って帝国主義の犠牲となっていった。一〇月、大杉と荒畑はより労働者に近づくために、幸徳らが始めた『平民新聞』を再び月刊として始めたのだ。だがそれは、創刊から続けざまに発禁となった。社会主義と労働者が近寄り、労働運動が興ることが恐れられたのだった。野枝は『青鞜』の「編集室より」でこう書いている。

大杉荒畑両氏の平民新聞が出るか出ないうちに発売禁止になりました。あの十頁の紙にどれだけの尊いものが費やされてあるかを思いますと涙せずにはいられません。（中略）私は書かれた理屈が労働者ばかりについてではなくすべての人の上にいわれるべきものであると思う。そしてそれが労働者についてのみいわれるときに限ってなぜ所謂その筋の忌憚にふれるのか怪しまないではいられない。


大杉が野枝からの手紙を受け取った二ヶ月後のことである。一九一五年（大正四年）三月、大杉は『平民新聞』の印刷をどこからも断られて弱りはててしまっていた。すると野枝がこういったのだ。

「じゃあ、私の方の印刷所に話してみたらどう。あそこの職工長なら、私もよく知っていますし、きっとそんな事に驚きはしませんわ」

こうして『平民新聞』の第六号はできたのだが、発売と同時に発禁押収となってしまった。

さすがの大杉や荒畑もこれでは手の出しようがない。やむなく二人は廃刊を決意した。野枝には『平民新聞』のはじめから応援してもらっていた。また印刷や紙、発禁になった本を自宅に隠してもらうなど、熱心な協力もあった。大杉は野枝のことを「僕の唯一の本当の女友を見出した」と記している。

しかし大杉の野枝に対する思いは、さらに募っていった。野枝に対する公開状の形式をとった「貞操論」の中で、彼はこう書いている。


僕の今つきあっている女の人の中で、最も親しく感ぜられるのは、やはりあなたなのです。あなたに話かける事が、最も僕の心を弾き立たせる。

三月二六日には大杉は、自宅では辻がいるので野枝だけに会う方法を考え、『青鞜』の印刷所に行ってみた。だがこの日は『青鞜』の校正日だというのに、待てど暮らせど野枝は姿を見せない。じりじりとするうちに大杉は「遂には恋人でも待っているようないらいらする、彼女に対する情熱が湧いてきて、彼女に会うことまでが恐ろしくなった」という。
夕方まで待っても来ないので置手紙を残して、いつも仕事をしている葉山の「日蔭茶屋」の二階に引き上げた。その時、大杉はこう書きしるしている。
「ああ、僕は遂に、まったく彼女に恋に落ちてしまったのだ」

野枝の煩悶

――野枝は悩んでいた。一九一五年五月頃、辻が浮気をしているのを知ったのだ。しかも相手は野枝の従妹のキミだというのだ。辻自身「ふもれすく」にこう告白している。

同棲してから約六年、僕らの結婚生活ははなはだ弛緩していた。加うるに僕はわがままで無能でとても一家の主人たるだけの資格のない人間になってしまった。酒の味を次第に覚えた。野枝さんの従妹に惚れたりした。従妹は野枝さんが僕に対して冷淡だという理由から、僕に同情して僕の身のまわりの世話をしてくれた。野枝さんはその頃いつも外出していて多忙であった。

野枝は激しく傷つけられた。『青鞜』七月号にその気持ちをぶつけている。

「偶感」と題された文章の中で、野枝は「自分の真実を裏切られるぐらい、踏みつけにされることはまたとない」と憤っている。そして「私はただ彼を信じたいともがく。しかし、それはどうにもならない」と嘆いた。

また姑との仲も険悪になっていった。くどくど始まる姑とのいい争いが重くのしかかってくる。家長である辻がブラブラして職につかないうえ、嫁は仕事だ、勉強だと家を空ける。そんな世間からはずれた家庭を姑は我慢できなかった。女房がそんなだから、辻も浮気をしたのだ、とまでいわれた。一（まこと）を背負いながら、野枝はどこか遠くへ行ってしまいたい、とたびたび思うようになっていった。

後に書かれた「成長が生んだ私の恋愛破綻」で、野枝は自分たちの結婚生活をこう振り返っている。

> 私が漸（ようや）く一人前の人間として彼に相対しはじめた時、二人がまるで違った人間だという事がはっきりして来たのです。そしてこの性格のはげしい相違が、二人のお互いの理解をもってしても防ぎ切れないような日がだんだん迫って来たのです。丁度その時分文壇思想界は個人主義思想の最も高調されている時分でした。彼のエゴイスティックな傾向は、極端な個人主義の理屈と一緒になってだんだん深みにはいって来たのです。

辻は、個人主義をより掘り下げたダダイズムに自分のスタンスを見出していく。それに対し、エマ・ゴールドマンと出会った野枝は、社会主義へそしてアナキズムへと進んでいくのだ。

そして野枝は、七月から出産のために今宿へ戻った。やがて次男流二を出産した後、一二月の初めに帰京した。『青鞜』の編集は、生田花世に頼んでいた。野枝はこうも書いている。

私は時々自分の年を考えて見ます。二人目の子供を生んだ時、私は二一だったのです。まだほんとうの勉強ざかりの年なんです。私は情なくなりました。（中略）出よう、家をはなれよう、とどれ程思ったかしれません。

この文章の中には、辻との別れを考えている時、「幸か不幸か丁度その時、私は大杉にぶつかった」とある。

『近代思想』の復刊

大杉が『青鞜』の印刷所で、野枝を待ち続けた日からしばらくして、二通目の手紙が野枝から届いた。

先日はもう一足というところでお目に懸かることが出来ませんでしたのね。（中略）お遊びにお出でくださいませんか。私の方から伺ってもいいんですけれど、『平民新聞』も廃刊になりましたのね。まあ仕方がありませんわ。また『近代思想』をお続けになってはいかがですか。私たちにはあんな気持ちのいい雑誌が失くなったのはかなりさびしいことの一つです。

この野枝の示唆を受けて、大杉は『近代思想』を復刊することにした。その編集事務を手伝い始めたのが、神近市子であった。市子は一八八八年生まれ、大杉の三歳年下であり、野枝より七歳年上であった。

市子は津田英学塾に通っていた頃、青鞜社に加わっている。らいてうは市子のことを「引きしまった男性的な感じで、大きな目がたえず涙ぐんでいるような、異様な刺激的な光をおびていた」と語っている。市子は英学塾卒業後、女学校の教師となっていたが、青鞜社にいたことが学校に知れて職を追われた。その後『東京日日新聞』の敏腕記者として活躍していた。また大杉が開いていた研究会にも参加していた。

その市子と大杉は、野枝が今宿に戻っているうちに深い仲となってしまったのだ。後に大杉は市子との関係を「あわい恋に戯れていた」と表現している。市子は自伝の中でこう書いている。

私は自分の一生の悲劇は、恋愛というものを、本能によらずに、頭の上だけでしていたことにあると思う。頭脳が先走っていて、現実というものが見えなかった。（中略）保子夫人という人がありながら、私との関係をつづけていこうという大杉氏に対して、私は何度か絶交を求めたが、私には説得力がなかった。

やがて市子は『近代思想』の経済的援助までするようになった。『近代思想』の同志たちは、大杉と野枝との関係を疑っていたが、新たに市子との関係を知るとしだいに大杉から離れていくようになった。

中でも荒畑寒村とは、思想的にも別れていくようになる。荒畑はあくまで社会主義の道を進み、大杉は無政府主義（アナキズム）へと向かっていったのだ。荒畑は「大杉君の無政府主義の傾向に不満を抱くとともに、他面また彼の恋愛問題に対しても同感できなかった」と自伝で記している。こうして第二次『近代思想』は、当局の弾圧もあったが、一九一六年（大正五年）一月、四号をもって廃刊となった。

この『近代思想』の廃刊は、同志に見捨てられていく孤独感もあって、大杉を自暴自棄にさせた。大杉はこの時のことを、こう書いている。

> かくして、もうなにもかも失ったような僕が、そのときに恋を見いだしたのだ。恋と同時に、その熱情に燃えた同志を見いだしたのだ。そして僕はこの新しい熱情を得ようとして、ほとんどいっさいをすててこの恋の中に突入していった。
> その恋の対象がこの神近と伊藤とだったのだ。

日比谷公園

野枝が谷中村についての長文の手紙を大杉に送ってから、一年の時がたっていた。

――一九一六年二月の上旬、大杉は久しぶりに野枝の家を訪ねた。辻はいなかった。二人ははじめて、一緒に外に出た。話は尽きることがなかった。ずっとこの時を、二人は待っていたのだ。

大杉は手紙の返事を出さなかったこと、野枝は辻の不貞について、そして『近代思想』の話へと次々と話しあううち、二人はいつしか日比谷公園の木陰の道をたどっていた。そしてこの場所で、二人は初めてキスをしたのだ。

野枝の唇は冷たかった。大杉の熱い唇がそれをふさいだ。大杉の厚い胸板の背に野枝は手をまわした。公園は震え上がるほどの寒さであったが、二人の体は奥底から燃え上がってきた。長い長い時が過ぎた。

あたりは暗くなってきた。家に乳飲み子が待っている野枝は、すぐに帰った。だが、大杉は野枝とのキスの嬉しさをとめておくことができず、その足で市子の家に行った。

市子は大杉の顔を見たとたんにいった。

「きょうはきっとあなた、どこかでいいことがあったのね。顔じゅうがほんとうに喜びで光っているわ。野枝さんとでも会って？」

大杉は実際自分の顔が喜びで輝いていると思わずにはいられなかった。彼は正直に、今日野枝さんと初めてのキスをしたのだ、といってしまった。

「そう、そりゃよかったわね、私も一緒になってお喜びしてあげるわ。」と答えた。

この市子の言葉を大杉は、彼女の寛大さからだと受け取った。これは、女心をまったくわかってはいない大杉の鈍感さを表している。現に、市子の微笑みは凍りついていたのだった。翌日、保子の許（もと）

へ帰った大杉に対して、市子は絶縁状を叩きつけた。大杉は驚いて、市子のもとへかけつけた。彼女は別人のように落ちついていた。

「私、あなたを殺すことに決心しましたから。」

市子は大杉の前に立って、勝利者のような態度でいった。

「うん、それもよかろう。が、殺すんなら、今までのおなじみがいに、せめて一息で死ぬよう殺してくれ。」

大杉はこう返した。だが「殺す」というのは「殺したいほど愛しているのだ」という、市子の心の奥からの叫びなのだ、ということに大杉は気づいてはいなかった。

一方野枝は、大杉とのキスを契機として、辻とはっきりと別れる決心をした。だが自尊心の強い野枝には、すぐには大杉のもとへ走ることはできないと思えた。大杉への愛はひとまず別において、まずは辻と別れ、一人になって自立の道をしめそうと考えた。それから大杉に対する自分の態度を決めよう、とした。今宿を飛び出してきたのも、誰にも支配されない、自分の人生の主人公は自分自身だと、心に固く決めてきたのではなかったのか。

家を出る際、大杉との関係は白紙として、自分にも辻にも、ひいては世間にも示したかったのだ。妻保子と神近市子がいる現状で、世間から受けるだろう非難が、やはり野枝には恐かった。

「白紙に戻したい」との考えを持って野枝は二月の中旬に、大杉が下宿していた第一福四萬館を訪ねた。だが部屋には、大杉だけでなく、神近市子がいた。野枝の闘争心が湧き上がってきた。

大杉さんに、「その理由がない」と断られたとき、私は「そんなら、私達はもうこれっきりです」ときれいにいい切って仕舞いましたが、お互いに思いきって口でいった程強くはなれませんでした。で私は、打つかる処まで行って見る気になりましたのです。その時の私の気持ちは私がもう少し力強く進んで行けば、その力で二人の人を退け得るという自惚が充分にありました。そうしてそう自分で決心がつきますと、非常に自由な気持ちになりました。今まで大変な苦しみの中におさえていた情熱がようやく頭をもたげてまいりました。私の苦悶はそれで終わりました。

と、野枝は書いている。

また野枝が大杉の下宿を訪ねた日、大杉は野枝と市子に「自由恋愛の三条件」を語っている。

一　お互いに経済上独立すること
二　同棲しないで別居の生活を送ること
三　お互いの自由（性的にも）を尊重すること

この三条件は、大杉の驚くほど無知な、男性中心主義のエゴイズムが丸出しである、といえる。また、多角関係に陥った大杉の、苦しまぎれの空論ともいえよう。野枝も、これは大杉のわがままであると感じていたが、市子を前にして生来の負けず嫌いの競争心が湧き上がってきて、率先して承諾した。市子も野枝を睨みつけながら、しぶしぶ承諾した。だが、後で聞いた保子はおそらく承諾しなかったに違いない。この提案は不成功に終わってしまう。「経済上独立する」は、大杉、市子にはできたが、野枝にも保子にもできなかった。野枝は「新しい女」の気負いから承諾したけれど、乳飲み子をかかえる身では、それは願望にすぎなかった。

結局、これは大杉だけに都合のいい「不平等条約」だったといえる。

家を出て

その夜帰ると、野枝は辻に決心を話した。辻はしばらく黙って目をつぶっていたが、ややあって「幸福に暮らしなさい」と一言いって、首をタテにふったという。後に辻はこう書いている。

別れる当日は、お互いに静かにして幸福を祈りながら別れた。野枝さんはさすが女で、眼に一杯涙をうかべていた。時にまことと君三歳。

翌日、三歳の一(まこと)を辻のもとに残し、流二をおぶって野枝は家を出た。だが行く当てのない野枝は、「自由恋愛の三条件」を破ると知りながら、大杉の下宿に転がり込むしかなかった。流二を横に置き、二人は激しく抱きあった。たとえ大杉に何人の愛人がいようと、この愛は離さないと、野枝は心に強く決めた。

『青鞜』は二月号をもって、廃刊となった。新聞は大杉の多角関係の醜聞を書き立てた。

野枝は何とか経済的に独立するために、今度の件を材料に小説を書き新聞に連載したいと、考えた。その仕事を一日も早く仕上げるために、野枝は青鞜社時代の友人荒木郁子の旅館にしばらく置いてもらい、その後、千葉県御宿の上野屋旅館に行くことにした。かつてらいてうが、奥村博史とかくれ住んでいた宿だった。両国まで大杉に見送られて出発したのは、四月二九日だった。

流二が寝静まった後、野枝はただ一つ持ち出してきた大杉の本『生の闘争』を取り出した。読み返すのは四回目だったが、読むたびに新しい感動がある。その表紙をなでながら、大杉の言葉を思い出していた。

——二人の関係は、単なる男女のそれではない。得難い異性の友人であり、なおかつ共に闘う同志なのだ。この点こそが、保子とも市子とも違うところだ、と。

翌朝、野枝は大杉に向けて手紙を書いた。

　こうやって手紙を書いていますと、本当に遠く離れているのだという気がします。あなたは昨日別れるときに、ふり返りもしないで行ってお仕舞になったのですね。ひどいのね。私はひとりきりになってすっかり悄気(しょげ)ています。早くいらっしゃれませんか。(中略)
　嵐はだんだんひどくなって来ます。あんな物凄いさびしい音を聞きながら、この広い二階にひとりっきりでいるのは可哀そうでしょう。でも、何にも邪魔をされないであなたのお書きになったものを読むのは楽しみです。本当に静かに、おとなしくしていますよ。でも、一寸の間だってあなたの事を考えないではいられません。いろいろな場合のあなたの顔が一つ一つ浮かんできます。

野枝と大杉は、四月三〇日から一〇日間の間に、一二通もの愛の往復書簡をかわしている。二人の愛の深さが察せられる。しかもこのような往復書簡は、九月に野枝と大杉が正式に同棲するまで続いていくのである。

五月四日には、突然大杉が旅館に現れた。それからの三日間、二人は一切を忘れて体を重ねた。五月六日の大杉の手紙である。

済まなかったのは、ゆうべとけさ、病気のからだをね、あんなことしていじめて。あとでまた、からだに障(さわ)らなければいいがと心配している。けれども本当にうれしかった。本千葉で眼をさまして、おめざにあの手紙を出して読んで、それからは、たのしかった三日間のいろいろな追想の中に、夢のように両国に着いた。今でも快い夢のような気持ちが続いている。

多角関係

堀保子は大杉の二歳年上で、堺利彦の元妻の妹であり、深尾韶(しょう)の婚約者であった。だが大杉が着ている浴衣の裾に火をつけ、強引に求婚して結ばれたのだ。籍はいれていなかったが、十年連れ添っている糟糠の妻であった。保子は市子のことより、野枝を非常に敵視していた。ある晩、「あの狐さんはね」と野枝の悪口をいいそうになり、大杉は手をのばしてその口をおさえたまま眠ってしまった。
野枝は手紙にこう書いている。

保子さんには、もう少し理解ができるようにはお話になれませんか。私は何をいわれてもかまいませんが。

大杉の返事はこうだ。

僕は保子には、できるだけの話はしたいと思い、できるだけの努力もした。けれどそのたびに僕は全く絶望した。話している間に、彼女の盲目と醜悪とが、だんだんその頭をもたげてくる。僕には、その盲目さと醜悪さとを見せつけられることが、何よりも堪らないのだ。

だが、大杉自身も認めている通り、原因は大杉にあるのだ。彼は、保子は無学な女だけれど、生じっか学問のある女より物がわかっている、ただ男女間のことになると盲目になってしまうのだ、といっている。長い間の同棲関係、そしてことに最近の保子に対する自分の態度にも責任がある、と書いている。
大杉は市子に対して「僕は多角恋愛の実験を試みているんだ。君がついていけないのは、思想的未熟のゆえだ」と語っていた。大杉の手紙にある市子はこうだ。

四、五日少しも飯を食わぬそうで、ゲッソリと痩せて、例の大きな眼をますますギョロつかせていた。（中略）あの女も、この頃は、本当にえらくなった。あの立派なからだを見ても知れる、その強烈な性欲を、近頃ではほとんど征服してしまった。

この手紙に対する野枝の返事は、嫉妬をおさえたぎこちないものである。

神近さんは何だかお気の毒な気がしますね。でもそれがあの方の為にいいと云うのならお気の毒というのは失礼かもしれませんのね。でも、本当にえらいのね。そこまで進んでいらっしゃれば、でも、もう大丈夫でしょうね。あなたと神近さんの為にお喜びを申しあげます。

そういいながら、これにつづけて、あんまりいやな気持なのでウイスキーを買わせて飲んでいます、早くいらしてねと、野枝は書いているのだ。だが野枝の本心は、市子と保子と闘ってでも、大杉を奪い取ってみせると本能から叫んでいる。その本能の叫びが、全身に満ち満ちてくるのを感じていた。
市子は大杉との多角関係がもとで、一九一六年東京日日新聞社を辞めていた。そして玄文社（げんぶんしゃ）の結城礼一郎の秘書となっていた。また翻訳でも収入を得ていた。大杉が生活費に困ると、その一部が野枝に渡されることを知っても、お金を快く渡してくれた。そしてこういうのだった。
「あなたが困るのも私が困るのも同じことだ。野枝さんが困ってあなたが困れば、私もまたそのために困るのだ」

大杉はこうも語っている。「保子を慰め、神近を教育し、しこうして野枝と寝る」——なんという身勝手な、男性本位の言葉であろうか。そして、この大杉の自由恋愛の考えは、やがて無惨な破綻を迎えることとなる。

金策に奔走

野枝の新聞連載の望みはかなわなかった。『大阪毎日新聞』の菊池幽芳(ゆうほう)は、作品は絶賛しながらも、題材が個人的すぎると返却してきたのだ。六月中旬、御宿での旅館の支払いにも困った野枝は悩んだ末、流二を地元の漁師の家に里子に出してしまった。

大杉は新しい雑誌『文明批評』を出そうとしていた。彼にとって、発表機関を持たないことは、運動をしないことを意味していた。その資金集めもあって、身一つになった野枝は、大阪にいる代準介を訪ねた。だが、金策どころか激しい叱責を受けた。そして次に野枝は今宿に戻り、代の知り合いである右翼の頭山満(とうやまみつる)を訪ねた。が、これも失敗となる。

頭山は彼の片腕である杉山茂丸(しげまる)を紹介したのだが、杉山は大杉本人に会いたいといってきた。大杉が築地の台華社で杉山にあったのだが、軟化を勧められた。そうすれば金は要るだけ出してやる、というのだ。大杉はそれを即座に断った。

野枝は金策の途中、大阪からこんな手紙を出している。

すこし甘えたくなったから、また手紙を書きたいの。野枝公もうすっかりしょげているの。だって来ると早くからいじめられているんだもの。可哀そうじゃない？（中略）野枝公もう帰りたくなったの。もう帰ってもいい？

それに対して大杉はこんな手紙を出した。

大ぶ弱っているようだね。（中略）僕だって、可愛い野枝子をそんないやなところに置くのは、とても堪らない。帰っておいで。早く帰っておいで。一日でも早く帰っておいで。

そして九月、野枝と大杉は「自由恋愛の三条件」を見事に破って、福四萬館で同棲をはじめたのだ。しかし、この福四萬館も宿料未払で追われ、友人の大石七分（しちぶん）の紹介で、一〇月一五日本郷の菊富士ホテルに移った。ここは食事つきの下宿で、下宿代の請求がことのほかのんびりしていた。大杉と野枝は身をよせあって、散歩に出るのも風呂に行くのもいつも一緒だった。

一〇月三〇日、杉山との会話の中で出てきた内務大臣後藤新平を大杉は訪ねてみることにした――「政府が僕らを困らせるんだから、政府へ無心にくるのは当然だと思ったのです。そしてあなたなら、そんな話は分かろうと思ってきたんです」大杉は悪びれずにそういった。そして予想もしなかった三百円を手に入れることができたのだった。

大杉は五十円を保子に渡し、着たきりすずめの野枝に三十円でお召の着物と羽織を質受させた。二百円は新雑誌の保証金に使い、残りの二十円でかねてからの仕事場である葉山の日蔭茶屋へ行こうとした。

日蔭茶屋事件へ

「葉山へは一人で？」――大杉の計画を聞いた市子は、しつこいくらいに聞いた。大杉は「もちろん一人だ。みんなから逃げて、たった一人になって仕事をするんだ。」と答えた。

出発は一一月六日と決めていた。だが前日になると、急に野枝が「私、平塚さんのところまで行きたいわ。」といい出した。らいてうは、この頃夫の奥村の肺患の療養のため、茅ケ崎に家を借りて住んでいたのだ。彼女は、辻を捨てて大杉に走った野枝をかなり厳しく批判していた。敬愛していたらいてうの批判は、野枝にとって大きな痛手となっていた。野枝は一年ぶりにらいてうに会い、自分の考えを率直に話し何とか理解をしてもらいたい、と願っていた。だが大杉とは一刻も離れたくないという切ない気持ちや、市子と張りあう気持ちも、野枝にはあった。野枝の気持ちを察した大杉は「よかろう。それじゃ茅ケ崎まで一緒に行って、葉山に一晩泊まって帰るか。」といった。

らいてうの家では昼食など馳走（ちそう）になり二、三時間話していたが、結局、野枝もらいてうも心の中で思っている問題にはちっとも触れずに終わってしまった。野枝はらいてうの家を出て松原にさしかかると、大杉の手をしっかりと握りながらこういった。「いいわ、もうまったく他人だわ。私もう、友だちにだって理解してもらおうなどと思わないから。」

こうして六日夜、大杉と野枝は日蔭茶屋に泊まった。翌日の七日は、暖かく晴れた日で大杉は「きょう一日遊んでいかない？」といい、野枝も賛成した。二人は自動車で秋谷（あきや）あたりまで行き、午後は舟をやとって海に出た。夕方、風呂を浴び、夕食にとりかかろうとした時だった。

女中のおげんさんが慌ただしく入ってきて「女のお客さまです」といった。大杉がはっとして見ると、おげんの背後にはもう市子のうらめしそうな寂しそうな、微笑みを無理にたたえた顔があった。この時、野枝は湯上りの両肌をぬぎ、鏡台の前で髪を結い直していた。市子は鋭い視線を野枝に向けた。

「野枝さんがご一緒だとは思わなかったわ……」

市子が視線を大杉に転じると、大杉は意味をなさない弁解をした。気まずい空気が流れた。やがておげんさんが三人分の夕食を持って入ってきた。お膳立てはできたが、大杉が箸をとって何口か食べ、市子は無理に一口食べただけだった。野枝はまったく箸をとらなかった。突然、野枝は立ち上がってこういった。

「あたし、帰る」

野枝はたった一人で、おげんさんに送られて出ていった。

夜一〇時頃になって、もうとっくに東京に帰ったろうと思っていた野枝から電話がかかってきた。菊富士ホテルの部屋の鍵を忘れたので、鎌倉から引き返してきたというのだ。

市子は『鍵はわざと忘れていったに違いない、そもそもホテルには必ず合鍵が用意されているはずだ』と思った。

　大杉が風邪気味なのをおして逗子の停車場に行くと、野枝は一人ぽつねんと待合室に立っていた。もう上りの汽車もなく結局二人は宿に引き返し、いっそう気まずい空気のなかで三人は床をならべてやすむことになった。大杉は熱が高くなり、うつらうつらと横になっていた。市子は大杉のとなりで横になり、野枝はその向こうにいた。野枝は顔まで布団をかぶって向こうを向いてじっと寝ていた。大杉がふと目をあけた時、市子が恐ろしい顔をして野枝を睨んでいるのが見えた。大杉は眠ってはいけない、彼女らをうかがっていなければならない、と思いながらもいつのまにか眠ってしまった。

　翌日の八日、朝食をすますと野枝は東京に帰っていった。だが市子は、野枝がまた葉山に戻ってくるにちがいないと疑っていた。大杉はひどく不機嫌で、原稿用紙の前に座って仕事にとりかかった。市子はしかたなしに、おげんさんと海岸へ散歩に出かけた。夕方に戻った市子は、敵意を胸にしまいながら寝床に入った。

『ゆうべは無事だった。が、いよいよ今晩は僕の番だ』――大杉はそう思いながら、横になった。一、二時間ほどしてから、市子は大杉のほうに向きなおってこういった。

「私たち、いろいろ話しあってみたほうがいいと思います。」

　大杉は無言だった。

「あなたは、私にいうことがあるはずです。たとえば、この状態は自分の予想していなかったことだとか……」

　市子は大杉になんらかの謝罪をしてもらいたかった。そうしないと、身を退くにも退けないと思いつめていた。だが大杉は、クルッと向こうむきに枕をかえて、こういった。

「我慢がならないなら、好きにするさ。何もいうことはないよ。」

二人はそれきり黙ってしまった。そしてまた一、二時間の時が過ぎた頃、市子が大杉を呼び起こすようにいった。

「ね、ね。ほんとうにもうだめ？」

「だめといったらだめだ。」

「そう、私いまなにを考えているのか、あなた分かる？」

「そんなことは分からんね。」

「そう、私いまね、あなたが金のないときのことと、あるときのことを考えているの。」

「というと、どういう意味だい？」

「野枝さんがきれいな着物を着ていたわね。」

「そうか、そういう意味か。金のことなら、君に借りた分は、あした全部返す。」

「いいえ、私はそんな意味で……」

「いや、金の話まで出れば、僕はもう君と一言も交わす必要はない。」

大杉は市子に金のことをいいだされて、すっかり憤慨してしまった。そういえば、市子は野枝のお召の着物をジロジロと見ていた。三百円の金の出所については、市子には話してはいなかった。

大杉は硬い背中を向けて、じっと押し黙った。

大杉は以前、市子が「殺す」といっていた言葉を思い出していた。もし実行するのならば、今夜だと覚悟した。背中を向けているのが不安になり、仰向けになった。そして両腕を胸の上に並べて、いつでも彼女が動いたらすぐに立ち上がる準備をして、目をつぶったまま息をこらしていた。その時、どこかで時計が三時を打つのを聞いた。大杉はやはり息をすまして向こうの動静を計っていた。

ふと大杉は、咽喉(のど)のあたりに、熱い玉のようなものを感じた。

「やられたな。」

と思って大杉は目をさました。いつのまにか自分で自分の催眠術にかかって、眠ってしまっていたのだ。そして前のほうを見ると、市子が障子をあけて室(へや)のそとへ出ていこうとしていた。

「待て！」と大杉は叫んだ。市子は振り返った。

「許してください。」

彼女が振り向くと同時に発したこの言葉が、大杉には意外だった。

このあと大杉は血を流しながら市子の後を追い、玄関まで迫ったあと倒れた。

「あのね、すぐ医者を呼んでください。それから東京の伊藤のところへすぐ来るように電話をかけてください。それからもう一つ、神近の姿が見えないんだが、どうかすると自殺でもするかもしれないから、だれか男衆に海岸のほうを見さしてください。」

と女中にいうと大杉は、昏倒した。

市子は血のついた短刀を持ったまま宿を飛び出し、海沿いの道を走り、それを海の中にほうり投げた。以前、自殺の衝動にかられて神保町で買ったものだった。葉山へ行こうと決心した時に、手提げの中に入れてきたものだった。

市子は海に入って死のうとした。が、なまじ水泳ができるものだから、いくら深みに入っても、浮かび上がってしまう。彼女は砂浜に上がって、ズブ濡れの着物を絞ると、そのまま逗子の町のほうに向かって歩きだした。そして警察の派出所の赤いランプを見つけると、そこに自首したのである。

大杉は逗子町の千葉病院に運ばれた。彼の傷は、頸動脈をわずかにはずれていた。だが傷は顎の右下三センチのところに、長さ一・八センチ、深さ二・五センチもあった。命を取り留めたのは、奇跡といってよかった。

事件のあと

未明に連絡を受けた野枝は卒倒しそうになった。市子の恨めしさと憎悪に満ちた顔が大きく浮かんできた。始発の汽車の中で、今にも大杉が死んでしまうのではないか、と心配でじっとしてはいられなかった。

病院に駆けつけた野枝は、幸い意識ははっきりしている大杉を見て、泣きそうになった。やはりこの人は私の大切な大切な人なんだ、と心底噛み締めて思った。午後になると、別居している堀保子や、仲間の宮嶋資夫らがやってきた。宮嶋は神近市子とも友人で、かねがね苦悩を訴えられて同情していた。そして葉山の警察へ市子を見舞いに行ったが、すでに彼女は護送された後で面会はかなわなかった。

宮嶋らは病院にくる途中、雑貨店で買い物をしている野枝を見かけた。彼らは目くばせして病院前で待ち伏せをした。野枝が病院に入ろうとするとやにわに宮嶋は「おまえのために親友（市子）一人を殺したんだ」といって殴りかかり、両頰を乱打し続けた。野枝が倒れると、彼女をひきずって井戸端のぬかるみに突き放し、さらに踏んだり蹴ったりした。

野枝は驚いた巡査にかかえられて病室に戻った。彼女が大杉のベッドに身を投げて泣いていると、宮嶋らがなだれ込んできてこう怒鳴った。

「自分の子どもより男の方が可愛いいか。」

そして大杉に向かっても、唾をはきかけながらこう啖呵を切った。

「君も意気地のない男だな。たかが女の恋に溺れて、主義主張を葬り去るとは、なんて情けない奴だ。君がこの不幸にあわなかったら、ぼくはこの女を殺してしまうところだ。」

宮嶋の怒りはアナキスト仲間の感情を代弁していた。

その後大杉と野枝は、菊富士ホテルでひっそりと暮らした。市子は裁判の結果、二年の実刑を受け八王子女囚監で服役した。堀保子も堺利彦と相談して、はっきりと大杉との別離を決断した。結果的に野枝は、二人の競争相手をしりぞけて、恋の勝利者となったのである。しかし次に述べるように、激しい非難の刃を受けなければならなかった。

大杉はよく夢にうなされた。市子の亡霊のような顔を見るのである。「また出たの？」と野枝はいい、「ほんとにあなたは馬鹿ね」と笑って、大きな体の大杉の頭を、子どものようになでるのだった。

再生

一一月一〇日、東京朝日新聞は、「大杉栄情婦に刺さる。被害者は知名の社会主義者。凶行者は婦人記者　神近市子。相州葉山の日蔭の茶屋の惨劇」と題し、全六段ぬき写真入りでこの事件を報道した。社会主義者の仲間、荒畑、堺らはこの時から大杉、野枝と決定的に離れてしまった。荒畑は『寒村自伝』の中でこう書いている。

現代社会の客観的条件を変革することなくしては、個人の自由も解放もありえない。現在のままの生活環境で恋愛だけ自由である筈がないのは、経済問題が彼らの恋愛を悲劇に終わらせた重要な一因であったのでも明らかである。

そしてジャーナリズムは、反大杉・野枝のキャンペーンをおこなった。一二月には『中央公論』、『太陽』などが、事件と自由恋愛をつなげて論評している。そのキャンペーンには、かつて青鞜社の友人であった平塚らいてう、生田花世らも加わり、与謝野晶子、武者小路実篤らの識者も名をならべていた。らいてうは自伝の中でこう書いている。

　この人たちの誤られた多角恋愛の破綻が、在来の封建道徳に反対し、新しい性道徳を打ち立てようと努力するものの途上の大きな障りとなるであろうことも恐れずにいられませんでした。

また上野高女の同級生は、新聞にこう投書した。

　あなたは夫を捨て子を捨て（中略）女流文士きどりの仮面をかぶった、ていのいい高等淫売ですね。

　そこでは、大杉は悪魔で野枝は淫売だった。だが、野枝は世間からどういわれようと、また親しい友人からも批判されようと、一切気にならなかった。自分と大杉との結びつきは、そんなものをはじき飛ばしてしまう至高なものなんだ、と全身に力をこめて確信しつつあった。そして野枝は、「自由意志による結婚の破滅」のはじめにこう書いている。

　破滅と云うことは否定ではない。否定の理由にもならない。私は最初にこの事を断って置きたい。不純と不潔を湛（たた）えた沈滞の完全よりは遥かに清く、完全に導く。

日蔭茶屋事件に至ったのは、野枝たちの大きな失敗であった。この失敗を世間では破滅というのだろう。だが野枝は破滅を恐れた沈滞の中にいるよりは、あえて破滅することにより、大きく脱皮していきたい、と願う。

野枝が好んで口ずさむ言葉は、これだ——「吹けよ、あれよ、風よ、あらしよ」

野枝は嵐の中を突き進む。そうすることによって、彼女は再生し、本当の自分に出会っていくのだった。

第四章　二人の革命家

魔子の誕生

一九一七年（大正六年）三月、野枝と大杉は菊富士ホテルを出た。宿料の不払いのために、さすがの菊富士ホテルも追い出されたのだ。その後、下宿先を転々としたあと七月、巣鴨の借家に落ち着いた。ここで野枝は、九月に長女を出産した。長女の名前は大杉の主張で「魔子」と名づけられた。世の人びとがよってたかって、大杉を悪魔、悪魔というから、悪魔の魔をとって魔子としたのである。「日蔭茶屋事件」で多くのアナキスト仲間が大杉のもとから離れていったが、村木源次郎（一八九〇年～一九二五年）だけはそばにいてくれた。村木は平民社に出入りしていたが、次第に大杉栄に心服していった。彼は〝源にい〟と呼ばれ、「文章は書けず、演説はせず、宣伝は不得手、実際運動には参加せず、かつ病身、一体どうして主義者になったんだろう」と仲間にいわれていた。だが、大杉の女房役として終生、大杉を支えた。同居していた彼が雑誌に書いた文章から、大杉と野枝の当時の生活が浮かび上がってくる。

大杉のドン底時代ともいうべき巣鴨の家は、後ろにだだっ広い庭があって、そこには芥だの新聞紙だのが一杯に打ち捨てられていました。この荒れ庭に面した十畳の間の、日当たりのいい場所に布団を敷いて、生まれたばかりの赤ん坊（魔子）を抱いた野枝さんが気だるそうに寝ていました。

「さあ食おうじゃなないか、甘そうな芋だ」――米櫃に少しばかり残っている米は、産婦のために取って置いて昼と晩のお粥にせねばならない。そこで二人は芋を五銭で買って来て、フカして食べる――こんな事はよくありました。

あのころ大杉はよく洗濯なんかもやったものです。

「おい村木、ちょっと起きて野枝の粥を煮てくれないか――、俺はまた洗濯だ」

お天気の日だと、あの天神髭を生やした大杉が変な腰付きで、赤ん坊のオシメから野枝さんの汚れ物まで、きれいに洗いました。

大杉と村木は、野枝と魔子が横たわる布団の裾に潜り込んで暖を取り、しかも眼の前にはなんの収入の希望もなかった。だがもうその時、大杉は後にだした『文明批評』という雑誌の発行計画を立てていた。ドン底の生活の中でも、さも当然なことのように、そんな計画をする大杉には、ちょっと人の真似られないところがあった。

秋も深まった頃、一人の老婆が金の無心に大杉を訪ねてきた。金がなく浴衣姿であった大杉は、あたかもその浴衣姿が当然なんだと思わせるような態度で、すまして玄関に出ていった。亡くなった社会主義者の同志、野沢重吉の奥さんだった。大杉はそれまで野枝が羽織っていた羽織を村木にニヤリと笑いながら渡し、「おい、またひとつ行ってくれないか」といった。

村木はそれを古新聞紙につつんで質屋に行き、五円を借りてきた。すると大杉は五円全部を老婆に渡してしまうのだった。村木は、そのうちいくらかでも米代を残すだろうと期待していたのだ。だが大杉の背中をあきれて見ているうちに、「なにか温かい血潮のようなものが腹の底から湧き上がってきた」と、書いている。

こんな大杉に不平もいわず、時たまとびこんでくる労働者や、社会主義に近づこうとする人たちに家をあけて迎え入れる野枝は、大杉とは最高に気のあったコンビであった。

そしてこの年、一九一七年に成功したロシア革命は、各国の労働運動をさらに進めていく原動力となっていく。またそれはこの後、大杉と野枝が力を傾けていく運動となるのである。

今宿では

野枝は辻との間に一（まこと）と流二、そして大杉との間に魔子を含め五人、計七人の子どもをわずか十年の間に産んでいく。野枝のふるさと今宿では、彼女はどのように見られていたのだろうか。この頃、野枝の郷里の糸島郡一帯では、流行のノーエ節に託して、こんな歌が唄われていた。

腹がふくれて野ー枝
月が満つれば野ー枝
いやでもサイサイ
いやが応でも赤児ができる
野枝の腹からノーエ

赤児がうまれたノーエ
野枝のサイサイ
腹から赤児がうまれた

このように世間を騒がせる野枝のことを愧（は）じて、一族の中には今度野枝が帰ってきたら尼にして、その曲がった性根を叩き直してやると息巻き、野枝の母ムメの前で鋏をちらつかせる者もあった。だがムメは「そげんことであの子の性根が変わると思うなら、してみりゃよかたい」と、薄笑いしていた。周囲のすさまじいまでの非難の中で、この言葉はムメが不思議なまでに動じていないことを示していた。

新しい仲間

この年の一二月、野枝と大杉、魔子、村木の四人は労働者の街、亀戸（かめいど）へ引っ越した。新しく移った家には、村木のほかに和田久太郎（きゅうたろう）（一八九三年～一九二八年）と、久板卯之助（ひさいたうのすけ）（一八七八年～一九二二年）とがころがりこんできた。二人は労働者のための新聞を出そうとしていたが、大杉の話を聞いてその抱負にいたく感激した。そして大杉と運命をともにしようと、亀戸の家にやってきたのだった。

和田は、いつもヘラヘラしているというのが特徴で、友人にはとても愛嬌がよく、逆に、気に食わないやつにはひとを食ったような態度をとった。テンションが上がって行動する時にはとことん動き、面倒くさくなったりするとゆくえをくらませた。みんなから「ズボ久」と呼ばれていた。たとえば、受け持っていた原稿を空白にしたまま、ふっといなくなってしまう。周(まわ)りでは、「あ、またズボ久が始まったな。仕方ねえなあ」といいながら穴埋めに奔走するという光景がよく繰り返された。だがその呼び名が蔑称(べっしょう)にならずに、愛称としてひろまったところに和田の面目があった。

久板は大杉より少し年上で、同志社出身のキリスト教徒である。久板には「キリスト」のあだ名があった。純真無欲のピューリタン的性格からであったが、その風貌からつけられたものでもあった。

二人がそろってやってきた時、その荷物がほとんどないので、野枝は「布団のようなものがちっともありませんけど」といった。大杉も心配になって「布団はあるのかい」というと、彼らは笑いながら、「あります、あります」といい、風呂敷づつみをひろげてみせた。中には一枚のセンベイ布団と、三枚の薄い座布団があるばかり。和田はまずこのセンベイ布団でのり巻きのようにくるまって寝てみせ、ついで久板は三枚の座布団を並べ、うえに着ていた服やドテラをかけて寝てみせるのだった。これにはさすがの野枝も大杉もあきれて、しばらく口もきけなかった。

こうした新しい仲間とともに、大杉は新しい雑誌『文明批評』を一九一八年（大正七年）一月に発行した。この雑誌は一部の知識人に訴えるのではなく、より労働者へ訴えたい、という意図をもって生まれたものであった。

これは先の話となるが、野枝と大杉が亡くなった後、その復讐をねらった福田大将狙撃事件で和田と村木は逮捕される。また久板は、伊豆山中で不慮の死にあっている。

亀戸の暮らし

政府によって水没させられようとしていた鉱毒事件の「谷中村」の問題を通して、大杉は野枝の中に血のしたたるような、社会改革の本質的精神を見た。そして野枝に相対する時、常に自分の知性の生ぬるさを実感していた。彼は自分が職業軍人の息子に生まれ、プチブルの家庭に育ち、平民労働者ではなく、その生活や感情についても何ひとつ本当に知らないことを自覚していた。まずは自身の生活感情を革命しなければ、何ごともはじまらないと考えた。

それで大杉は、労働者街に住むことを決意したのだった。そして、かつての同志が離れていったこの一年間で、弁が立派でも行動の伴わない主義主張には何の意味もないことを痛感していた。貧しい者、弱き者、虐げられて暮らす者に寄り添って生きたい、と思ってこの亀戸にやってきたのだった。だが大杉の理想は労働者の長屋であったのだが、なまじ権利金があったために、二階建の一軒家の、亀戸では結構な家を選んでしまったと『文明批評』で正直に告白している。

さてこの亀戸での暮らしはどのようなものであったのだろうか。大杉が「野枝は世話女房だ」という文章の中でこう書いている。

ずいぶん無精者（ぶしようもの）のなまけ者なんだが、いざ包丁を持つとなると、うるさいとか面倒くさいとかいうことはまるで知らない人間のようになる。よっぽど食い意地が突っ張ってるんだね。せっせとやる。お手際もなかなか見事なものだ。実際あいつの手料理に馴れてからは、下手な料理屋のご馳走はとてもまずくて口にはいらない。何に？　それや僕の直観のせいだろうってのか。それもちっとやそっとはいってるだろう。しかし実際うまいんだ。家庭料理なんぞという野暮なものじゃないんだ。

野枝の料理がうまいということは、和田も後に居候することになる近藤憲二（一八九五年〜一九六九年）もいっている。また近藤は『一無政府主義者の回想』の中で、腹一杯に飯が食えた、といっている。居候三ばい目にはそっと出し、といわれるが野枝はそんなことは気にしていなかった。

これは、私たちが野放図だったからではなく、無頓着な野枝さんの性格を語るものと思う。ユキちゃんという女中さんがいたことがあるが、お友達の娘さんを自分の部屋につれてきて幾日か面倒をみていた。女中さんに居候がおけるのだから、居候には都合のいい奥さんだったに相違ない。銭も茶だんすの引出しに入れてあって、みんなが自由につかった。

きょう五円の金を借りに出かけたかと思うと、あすはどこかへうまいものを食べに行くといった調子で、あるときでも無いときでも、そのとき勝負、そこは大杉と似たもの夫婦であった。

また近藤はこうも記している――「大杉と野枝さんは仲がよかった。いつも、おしどりのように一緒だった」

野枝の心情

『文明批評』の二号に、野枝の「階級的反感」が載っている。これは、亀戸に移った頃の野枝の心情をよく伝えている。彼女はこの労働者の居住地帯に住んで、できるだけここの人たち、とくに同性たちと親しくなり、その中に入っていきたいと思っていた。

家のすぐそばに共同井戸があって、井戸にはいつも四、五人女房たちがむらがっていて、野枝が行くといっせいにとがった眼つきで見た。また野枝は近くの風呂屋にも行ってみた。近所のモスリンの女工さんで一杯だった。桶が一つも見つかならない。すると番頭が「どうぞこちらへ」と場を作ってくれた。するとこんな悪口がとんできた。

「何だい人を馬鹿にしていやがる。鏡は向こうにもありますだなんて、鏡なんか誰が――あんなもの見ようって湯になんか来やしないや。人をわざわざ恥かかしやがった。本当にあの野郎――」

「何だい、たった一銭の事じゃないかよ。こちとらだって、いつでも一銭くらいであの通りができるんだよ。だけどたった一銭で威張って見たって仕方がないやね。」

「まったくだね。一銭二銭惜しいわけじゃないけどあんな番頭の頭下げさしたって――えっ、あ
あ何だいあれや。」

「女優だよ。」
「女優なもんかね、ご覧、子持ちじゃないか。」
そんなののしりの声を後ろから浴びせられて、野枝はほうほうのていで逃げ帰った。だが、野枝は文章の最後でこう書いている。

この敵愾心の強いこの辺の女達の前に、私は本当に謙虚でありたいと思っている。けれど、私は折々何だか、堪(たま)らない屈辱と、情けなさと腹立たしさを感ずる。本当に憎らしくもなり軽蔑もしたくなる。

これは野枝の本音であろう。だが、知識人としての自負を乗り越えて、労働者との一体感を持とう、そのためにはまず自分自身の心根の革命をしなければならない、と野枝は思ったのだろう。彼女の内面的な格闘の姿がここに見えているのではないだろうか。

後藤新平への手紙

一九一八年（大正七年）三月一日、大杉と和田、久板らは友人宅で労働研究会というのを開いた。終電車がなくなり、和田の行きつけの木賃宿に行くことになった。歩いていると、ひとりの労働者ふうの男が酔っ払って、酒場のガラスを壊したというので、「弁償しろ」と警官らにとりかこまれていた。大杉が仲裁に入りこういった。

「この男は今一文も持っていない。弁償は僕がする、それで済むはずだ。」酒場の男どももそれで承知した。だが警官は承知しなかった。大杉に尾行がついていたからだろうか、「貴様は社会主義者だな」と叫ぶと、そのまま職務執行妨害だとかいって、大杉たちを拘束してしまった。

翌日、しらせを受けた野枝は、大杉たちが拘留されていた日本堤署にでかけていって、とりあえず親子丼を差し入れた。六日、和田や久板は解放された。だが、大杉だけは出てくる気配がない。

九日、野枝は筆をとり、内務大臣の後藤新平に宛てて「抗議状」を書いた。

「前おきは省きます。私は一無政府主義者です」――この書き出しからはじまる野枝の手紙は、巻紙四メートルに書かれている。圧倒される見事な躍動感のある大きな筆文字が続き、ぐいぐいと読む者を引っ張っていく。筆の勢いは、野枝の怒りの心が乗り移っているかのようだ。

野枝はなぜ大杉が拘留されなければならなかったのか、なぜ大杉だけが拘留され続けているのかを問いただす。続けて、大杉の放免を望んでいるのではない、と書く。そのかわり、裁判闘争で手こずらせるのが私たちの希むところだ、と書いた。そして、二、三日のうちに会いにいく、と宣言している――「私に会うことが、あなたの威厳を損する事でない以上、あなたがお会いにならない事は、その弱みを暴露します」

そして最後にこう記している。

私の尾行巡査はあなたの門の前に震える、そしてあなたは私に会うのを恐れる。

一寸皮肉ですね。ねえ、私は今年二四になったんですから、あなたの娘さんくらいの年でしょう？

でもあなたよりは私のほうがずっと強みをもっています。そして少くともその強みはある場合にはあなたの体中の血を逆行さすくらいのことはできますよ、もっと手強いことだって――あなたは一国の為政者でも私よりは弱い。

この手紙を投函した直後、大杉は「証拠不十分」で解放された。それで、野枝と後藤との「対談」は実現しなかった。後藤は懐深い政治家で、彼は「日蔭茶屋事件」に関わって野枝の名を知っていただろうし、一年半前に突然訪ねてきた大杉にカンパをしたことも思い出しただろう。後藤の娘である愛は、実際に野枝と同じ一八九五年（明治二八年）生まれだった。（後に愛は鶴見祐輔と結婚し、鶴見和子・鶴見俊輔の母となっている）――畏れもなく、物怖じしない野枝の手紙は、後藤にとって愉快なものであったかもしれない。

以後、大杉や仲間たちがつかまったので、面会にいったり、差し入れしたりするのが、野枝の日常のひとつとなった。

『生の闘争』

後に大杉と行動を共にする近藤憲二は早稲田の学生時代、大杉の『生の闘争』（一九一四年刊）を読んで、こう自著に書いている。

私はそのなかに重く冷たい鉄鎖のにおいをかぎ、鎖をゆさぶるものの力と希望とを感じた。そして、どうしてもこの謀反人に逢ってみたくなったのである。

そしてこの本『生の闘争』は、野枝が辻潤の家を出た時、ただ一つ持ち出してきたものだった。ここで、この本の中に現れている大杉栄の考えを見てみたい。この本は大杉が『近代思想』を創刊してからの二年間の評論を集めたもので、評論集としては初の出版であった。大杉は自らの思想をここで開花させている。

「征服の事実」や「鎖工場」とともに、「生の拡充」という文章がある。ここでは特に、「生の拡充」を見ていこう――大杉はまず生とは何か、と問いかけ、生の「根本的性質」が、その拡充にあると考える。生の拡充が抑圧される時、訪れるのは生の、そして自我の停滞であり、腐敗であり、壊滅であり、死である。死を免れるためには、抑圧物に反逆し、これを破壊し、取り除かなくてはならない。人類の歴史は、征服による生の壊滅と、反逆もしくは革命による生の拡充の繰り返しであった。そして大杉はこう書く。

生の拡充の中に生の至上の美を見る僕は、この反逆と破壊との中にのみ、今日生の至上の美を見る。征服の事実がその頂上に達した今日に於いては、諧調はもはや美ではない。美はただ乱調に在る。諧調は偽りである。真はただ乱調に在る。

今や生の拡充はただ反逆によってのみ達せられる。新生活の創造、新社会の創造はただ反逆によるのみである。

この本の出版によって大杉は、多くの若者の心を捉え、大正期の文壇でもその地位を獲得していったのである。そして三年後の一九一七年（大正六年）、大杉は永年その翻訳を手がけてきた、無政府主義者クロポトキンの『相互扶助論』を出版した。

今宿へ

『文明批評』は一月、二月、四月と三号を発行しただけだったが、編集兼発行人　大杉栄、印刷人伊藤野枝と奥付に名前が並んでいるように、野枝と大杉の最初の共同作業なのであった。

だが三号を印刷所で刷り終えたら、その場をおさえられて没収されてしまう。結局、借金だけが残ってしまった。六月の末、野枝は魔子を連れて今宿へ帰った。避暑を兼ねていたが、主な目的は金策だった。流行っていた「ノーエ節」の替え歌などは、まったく眼中にはない。

この頃、叔父の代準介は、大阪で営んでいた株の世界から離れ、妻のキチとともに博多に戻っていた。野枝は従妹の代千代子の、今宿の家でも過ごした。魔子は生後九ヶ月であり、千代子も長女と魔子と同じ年の次女をかかえていた。

代は世話をした末松家の結婚からとびだした野枝には、義絶の気持ちがあった。だが、幼子を見れば可愛くもあり、官憲に尾行される親の子に生まれたことも不憫であった。代は魔子を実の孫のごとく抱き上げ、義絶の心を柔らかく溶かした。

七月には、おくれて大杉もやってきた。野枝の親戚とは、これが初対面である。大杉は人たらしで、お茶目で幼児たちに人気があった。代準介はこう記している。

> 大杉栄は世に恐ろしき怪物のように誤り伝えられておりしが、その個性においては実に親切にして情に厚く、予、初めて対面せし時など、吃（きっ）して語る能（あた）わず、野枝の通訳にて挨拶を終えたり。親交重なるにしたがい吃音（きつおん）せず談笑したり。

大杉は代の眼がねに叶ったのだ。また代の妻キチはこう語っている。

> 大体、主人（代）と申す男が、金を貯めることより、人間を育てることが好きに出来ておりまして、敵味方もなく、これという人物には惚れこむたちのようでございました。後になって、大杉のことなども、自分は右翼の玄洋社にいながら、ずいぶんと面倒をみるような気になったの

も、主義主張より、大杉の人間にほれこんだのかと存じます。

後の話となるが、代準介は野枝と大杉の死後、遺児たちを連れて九州に戻り、今宿での葬儀をおこなっている。

今宿の浜で、時には海水浴に興じながら、野枝と大杉はひと夏を過ごした。二人にとって生涯を通じて最も平和で幸福な日々であったのかもしれない。一ヶ月ほどを今宿で過ごし、途中、同志たちに会い貴重な体験をして帰京した。目的の金策はかなわなかったが、代は幾ばくかの餞別を持たせてくれた。

この時の今宿での体験をもとに、野枝は新たな作品に取り組むことになる。

故郷を描く

今宿の野枝の実家の近くには、芳公という白痴の男とその母親とが住んでいた。芳公はとうに五〇歳を越えていた。八〇過ぎの母親はその苦労のために、恐ろしいボーボーの白髪、枯木のようにかわいた皮膚、黄色く濁った眼の老婆となっていた。ある時、からかわれたことを怒った芳公が、子どもにケガをさせてしまう。老婆は息子を立て続けにこう折檻しはじめた。

私はこの野郎を片輪にしなければ申訳けがたちません。私がこれは馬鹿ですからと済ましてはおられません。よそ様の子供衆を片輪にする位の根性骨があるなら、なぜ首でも縊って死んでしまわない。解らないか！　解らないか！　貴様には解るまい！　ここへ来い、打って、打ち殺してやる！

村人の一人が老婆をだき止めると、老婆は涙をいっぱいためた眼で見ていたが、急にガックリと膝を折って、その人の手からずり落ちた。それから三日目に、老婆は首を吊って死んだ。首を吊った高い松の木を、人びとは驚異の眼を集めて一様に見上げた。

――これは、一九一八年に野枝が書いた「白痴の母」である。

今まで故郷についてあまり描こうとしてこなかった野枝は、この時期になってはじめて故郷の姿をとりあげている。そして三年後に、「火つけ彦七」を書いている。「火つけ彦七」は、北九州の被差別部落の青年、彦七を主人公とした小説で、差別する側の惨忍さと、差別される側の屈辱、苦しみとその復讐を描いている。野枝は困難な立場に立たされている人たちの痛みに深く共感したのだった。差別された人間の怨念や復讐の情念を描き切っている。

やがて書かれる評論「無政府の事実」も、今宿を舞台としている。

米騒動

今宿でひと夏を過ごし、帰京する時のことである。

一九一八年（大正七年）八月六日、野枝と大杉、魔子は今宿を立ち、この日は門司に泊まった。八日、三人は門司港から汽船で神戸に向かい、九日に神戸着。そして夜遅く阪神電車で大阪に向かい、梅田駅前の旅館に泊まった。

七月二三日には、富山県魚津町の漁民の主婦たちが米屋を襲っている――政府を揺るがした米騒動の始まりである。大杉は車中でその記事を読み、急いで大阪に降りたのだった。一〇日、大杉は逸見直造らの大阪の同志を旅館に招いて、歓談をした。この席には、野枝も参加したのだが、幼い魔子を抱えてそれ以上の行動はできなかった。悔しい思いを胸に、野枝は魔子を抱いて東京行きの列車に乗った。

当時一五歳だった逸見吉三（直造の息子）が後に『墓標なきアナキスト像』で、この時の大杉についてこう記している。


逸見直造の家につくやいなや、話はすぐ米騒動のこととなった。

「こらあ、大阪でもひと騒ぎおこりまっせ。毎日あちこちで演説会やなんかやってますさかい。」

「ウン、おもしろい。どこらへんで騒いでいる？」

「やっぱし釜ケ崎あたりから、はじまりまっしゃろ。」

「よし、いまから見にいこう。」

外には尾行がいる。家の中で話をしているように見せかけて、裏からぬけだした。そして大杉は、とつぜん直造をうながして通りに出た。人力車をつかまえて、乗れという。

「いったい、どないしますのや。」

「まあ、ついてこい。これから面白くなるぜ。」

大杉は、うれしいときのクセの、ウッヒヒヒッと声をだして、いたずらっ子のように笑った。人力車を待たせておいて、大杉と直造はつぎつぎに大阪の新聞社を歴訪した。

「いま釜ヶ崎では、米売れ運動がはじまっている。売りおしみしていた米屋に二五銭で、ありったけをみんなに売れ、と騒ぎだしている。おれはいまこの逸見君と一緒に、それを見てきた。富山県の火は、大阪にも飛んできているゾ。」

大杉一流のハッタリをまじえた扇動で、新聞社をけむに巻くと、すぐつぎへと訪ねていく。その歴訪が終わるか終わらぬうちに、もう夕刊の赤新聞は大見出しで、「カマガサキの米屋、二五銭に値下げさせられて売り出す」とデカデカ書きたて、街頭で販売しはじめていた。その日の夕方四時頃には、数万の人間が先をいそいで、その安い米を買おうと釜ヶ崎へあつまり、片っぱしから米屋へおしかけはじめた。

「うちとこでは二五銭では売っておりまへん。よそへいっておくんなはれ」という米屋のことわりも最初のうち、恐れをなして二五銭で一人一升だけと売りはじめ、そのうち金を払わずにタダでもっていきだすと、もう手はつけられなかった。

これが八月一一日の大阪である。七月二三日から、八月一三、一四日を頂点として一〇月四日まで、二ケ月余りの間、日本全土に荒れ狂った米騒動は、文字通り空前絶後の事件であった。一道三府三七県で参加した大衆は数百万人にものぼった。

逸見の家には大勢の同志が集まってきた。大杉は、米騒動がこれからの大衆運動の道を切り拓くことになる、われわれは本腰をいれていっそう大衆のなかに入り、たたかいの先駆けとならなければならない、と集まってきたメンバーをアジった。機を見るに敏、大胆にして細心、大杉は逸見吉三にあざやかな印象を残して、東京へ帰った。

大杉が帰京したのは八月一六日だったが、米騒動の渦中だったので、板橋署に連行されて八月二一日まで検束された。米騒動に関与する恐れがあるという、予防検束だった。意外に好待遇だった。大杉は『獄中記』の中でこう書いている。

何も僕が大阪で悪い事をしたというわけでもなく、また東京へ帰って何かやるだろうという疑いからでもなく、ただ昔が昔だから暴徒と間違われて巡査や兵隊のサーベルにかかっちゃかわいそうだというお上の御親切からのことであったそうだ。立派な座敷に通されて、三度三度署長が食事の注文をききに来て、そして毎日遊びにくる女（野枝のこと）をつかまえて、「どうです、奥さん。こんなところではなはだ恐縮ですが、決してご心配はいりませんから、あなたもご一緒にお泊りなすっちゃ」

これには、後藤新平に大胆な手紙を出し、警察署通いも板についてきた野枝も苦笑したに違いない。

労働運動の高まり

一九一九年（大正八年）から一九二〇年（大正九年）にかけて、大正デモクラシーは最盛期を迎え、労働運動は高まっていった。一九一九年の八月には、東京市内一六の新聞の印刷工がストライキを起こした。五日間、東京市内には一枚の新聞も発行されず、日本の首都二百万人の耳目はほとんど完全にふさがれた。また九月には、神戸の川崎造船所でストライキがあり、この時日本ではじめてのサボタージュ戦術（怠業）が成功し、八時間労働制を勝ちとっている。一九二〇年には、労働者の争議件数はピークをしめし、その中には「溶鉱炉の火は消えたり」で有名な八幡製鉄所のストライキがあった。そしてこの年に、第一回のメーデーがおこなわれている。

大杉とその仲間たちの活動の一つは、一九一九年一月に結成された「北風会」の活動である。野枝に谷中村の話をしてくれた渡辺政太郎（前年に世を去っていた）の雅号をつけたものだった。この時に、近藤憲二が大杉らの活動に加わっている。

近藤は、奈良漬一切れでも顔が真っ赤になるほどで酒は飲めなかったが、食事は二人前は食べたという。書と漢詩を愛し、風格のある字を書いた。後に大杉と野枝の遺児たちの養育資金のために、『大杉栄全集』全十巻を企画刊行する。

労働組合は目覚ましい勢いでつぎつぎに結成され、各地で労働問題に関する演説会が開かれた。だがそのほとんどは、労使協調論に終始していた。支配階級は、勃興する労働組合を力で禁圧するよりも、むしろ労使協調主義に引きずり込んだ方が有利と判断していた。そこで、御用学者や職業運動家を動員して、一大キャンペーンを繰り拡げていたのである。
「北風会」はそんな演説会に殴り込みをかけた。「演説会もらい」の闘争である。大杉らは「それはウソです」と野次をとばし、さんざんわめいたあげく演説が中断すると、こんどは「オレにしゃべらせろ」といって壇上に上がった。これでしゃべらせてくれるところもあれば、ケンカになって殴りあいになったこともあった。近藤はこう記している。

長いあいだ言論の自由をまったく奪われていたウップンがほとばしったのである。行動はさらに熱を呼んで、この運動はめざましいものがあった。みんないつ捕まってもいいように、手拭きとチリ紙を懐にして駆けまわったものだ。

大杉らのもう一つの活動は、同年一〇月に創刊された『労働運動』の発行である。これは断続的に第三次まで続いていく。この雑誌はその名の通り、実際に起こっている労働運動の活動や、その思想を紹介していくものだ。これにあたって、大杉は労働運動社を立ちあげた。そこには和田久太郎、近藤憲二らが集まり、各地をとびまわって記事を書いた。野枝も社員となり、女性の労働運動について精力的に記事を書いていった。
だが警視庁刑事課の正力松太郎（しょうりき）（後の読売新聞社長）は、何としても大杉を捕まえたかった。彼はなんとか口実を作って大杉を実刑にもっていこうと画策した。結果、二ヶ月も前の事件をむし返してきたのだ。大杉が近隣の家から退去しない尾行巡査を殴って、唇をかすかに切ったという事件である。

それで大杉は、この年の一二月末から翌年三月まで、奥多摩監獄に入れられている。

野枝は『労働運動』に欠かさず原稿を載せていた。しかし、二女のエマが生まれたのは、大杉が獄中に送られた直後であった。大杉は野枝宛ての手紙にこう書いている。

看守長からの伝言でちょっと驚いた。まだろくに手廻しもできなかったろう。母子ともに無事だという話だったが、その後はいかが。実は大ぶ心配しいしいはいったのだが、僕がはいった翌日とは驚いたね。早く無事な顔が見たいから、そとでができるようになったら、すぐ面会に来てくれ。

だが、二女を産んだあと、さすが丈夫な野枝も体をわるくしてしまった。二女はのちに、子どもができなかった大杉の妹、牧野田松枝の養女となり、幸子と改名されている。

婦人運動のうねりと野枝

一九一九年から二〇年へと、野枝は大杉とともに大忙しだった。労働運動においても、婦人運動においても、歴史的な活動のうねりが見える中で、時代が大杉と野枝を呼びはじめていた。

一九二〇年一月号の『労働運動』に、野枝は「罷工婦人等と語る」を載せている。この時期は、大杉が奥多摩監獄に入っている頃だ。野枝は緊張しながらも果敢に記事を書いている。これは活版工の八時間労働制要求のストライキに加わった婦人労働者についてのルポルタージュである。野枝はその女工とともに宿舎に泊りがけで生活をし、竹の皮に包んだおむすびを食べて語りあっている。

どんなに古く知っている事であっても、実際に経験し、また痛切に感じている人の話はどこかに深い聞きのがす事のできない感激がある。

一日一二時間という長い時間、隙間だらけの板の間に腰掛けもくれず立ち通しに働かせて、女の特別な生理状態や何かには少しの注意も払ってくれない。妊娠中であろうと何であろうと重いものは持たせるし高いところには上らせるし、それがどんな障害を与えようと全くそんな事はおかまいなしだという。

その婦人達が、切な今回の要求も、資本家によって手強く拒否されるという痛ましい状態にありながらも、少しもその前途を悲観する事なしに、たとえ今回の罷工が失敗に終わるとも、自分達は自分達の手で、最も手近なところからその労働条件の改善を必ず実現させると誓い合っているのをどんなに心強く見た事であろう。

この時期、紡績工場労働者の争議はしだいに各地に広がり、東洋紡績、大日本紡績、合同紡績などが、一日十時間労働制を要求して立ち上がっている。紡績女工の過酷きわまりない生活を、細井和喜蔵が『女工哀史』につづったのもこの時代である。一日十数時間にもおよぶ長時間労働、前借と低賃金、深夜業、不潔な寄宿舎、肺結核の伝染など地獄のような環境に女工は苦しめられた。政府は労使協調の立場から「工場法」を施行したが、紡績業では制限つきながら、深夜業を認めるなど不徹底なものであった。

ジャーナリズムもこの問題をとりあげはじめたが、そのほとんどは有識者（インテリ）の立場からの社会評論であった。平塚らいてうも「わが国における女工問題」でこう書いている。


ですから私から見れば、今日は一般婦人に向かって労働を奨励すべき時ではなく、むしろ反対せねばならぬ。


らいてうは地獄のような紡績工場の労働環境を整備することよりも、婦人・母親をこのような労働から遠ざけることを指向していた。

このような姿勢と比べて、野枝の場合はどうであろうか。野枝は労働者自身とできるだけ同じ目線でものを考え、怒ろうとしているのだ。また野枝は文章の中で、労働時間や労働条件など、労働者の要求の内容を詳しく伝えている。そして何よりも、野枝の感性は優しく、かつ的確であった。

『労働運動』が創刊される前日、一〇月五日には、わが国はじめての「婦人労働者大会」が、友愛会婦人部主催で本所の業平（なりひら）小学校で開催されている。ここに野枝は来賓として参加している。この大会はワシントンで開かれるＩＬＯ国際労働大会にむけて開かれたものだったが、国際大会に参加する代表でもめていた。政府は労働組合の意向を無視して、無理やり官選で労働者代表を選んでしまったのだった。

この時の控室のことである。野枝は政府代表になった田中孝子に詰めよった。田中は渋沢栄一の姪で、裕福であり当然労働者の経験などなかった。野枝はこう叫んだ。

「あなたのようなブルジョア婦人は日本の婦人労働者について云う資格はない。国際労働会議に行くことをおやめなさい。」

騒ぎを聞きつけた平塚らいてうが駆けつけた。野枝はすさまじい剣幕で田中を糾弾していた。らいてうが止めに入ったが、野枝はらいてうに背中をむけて言葉を続けた。野枝はブルジョア婦人が、労働問題を語る姿勢が我慢できなかったのだ。

これはまずいと思った友愛会の山内みなも止めに入ったが、彼女に野枝はこういった。

「あなたは労働者だから、労働者はどうしたら解放されるか勉強してください。社会主義でなければだめだということがわかるでしょう。」

山内はこの時の野枝のことを「高ビシャな人」と書いているが、彼女自身も後年、社会主義運動に入っていくことになる。

野枝の気負いや、立場の相違する者に対する敵意は、彼女の激しい気質からくるものだった。だが、労働者の解放は労働者自身の手によるものでなくてはならない、という思いは、確固たるものとなっていくのだった。

赤瀾会

一九二〇年（大正九年）五月には、日本ではじめてのメーデーが上野公園で開かれた。およそ五〇〇〇人の労働者が集まり、失業の防止や最低賃金制の確立などを訴えた。また同年一二月には、大杉は堺利彦や山川均らとともに、アナキストからマルクス主義者までふくめて、ひろく社会主義者を集めて「社会主義同盟」を作った。だが、女性は「社会主義同盟」には、正式に入れなかった。そこで第二回メーデーに参加するために、女性だけの社会主義団体を作ろうという動きが高まった。そして、一九二一年(大正一〇年)四月に結成されたのが「赤瀾会」である。日本初の女性社会主義団体である。会旗には黒字に赤で「R・W」と縫いつけられた。「赤いさざなみ」という意味である。この会の名前は、労働運動社にいた九津見房子が提案したものだった。

野枝は旧知の山川菊栄とともに、顧問格として参加することになる。彼女の旧姓は青山であり、山川均と結婚して山川姓になっていた。

五月一日、赤瀾会は第二回メーデーに参加した。だが、赤瀾会員は巡査らに髪の毛をつかまれ、襟をとらえられ、引きずられながら、なぐられ蹴られた。野枝は、第二次『労働運動』に「婦人の反抗」という文章を書いている。

> 婦人はいったいに気がせまい上に、社会運動にでもたずさわろうとする人々は非常に物に感じやすい性格の人が多く、かつ、かなり一本調子な強い熱情の持主であり、そして、自分自身では

どれほどひどい事をでも忍ぶことができても、他人の上に加えられる無法を傍観している事のできないという弱点をもっている。そして往々、自分の心の上に加えてきた、自我的な理知の圧力をはね返す。そのときこそ彼女は、どんな大事をでも平気で仕遂（しと）げる。彼女は世間の非難くらいはもちろん、法律の網の真中にでも飛び込んでいくし、絞首台の上へでも光栄として上り得るに違いない。

赤瀾会に対する圧迫も、今後その活動につれていよいよ辛辣（しんらつ）になるに違いない。が、為政者らは、婦人に対する侮蔑のついでに、この婦人の欠点をもよくその考慮の中に入れておく必要のあることを警告しておく。

「絞首台の上へでも光栄として上り得る」という言葉には、野枝の強い決意がみなぎっている。だが、第二回メーデーには野枝は参加できなかった。三女を出産して間もなかったからだ。この三女に、野枝はエマ・ゴールドマンへの深い思いを込めて、再びエマと名づけている。

『乞食の名誉』

野枝と大杉は生涯に四冊の共著を出している。二冊が翻訳書、二冊が二人の著作である。

一九二〇年には、共著が二冊出ている。『クロポトキン研究』（翻訳）と聚英閣から出版された『乞食の名誉』である。『乞食の名誉』には、大杉が野枝との出会いを書いた「死灰の中から」と、野枝が辻潤との結婚生活の桎梏（しっこく）を描いた「惑い」、谷中村問題をきっかけに社会主義の方向へと野枝が変化していく「転機」が収められている。そして表題作の「乞食の名誉」も、野枝の作品である。出会うべきして出会った野枝と大杉の記念碑的な著書ともいえる。

「乞食の名誉」は、野枝のエマ・ゴールドマンとの運命的な遭遇が描かれている。エマの伝記の冒頭にはこうあった。

伝道は、ある人の想像するように「商売」ではない。なぜなら、何人でも奴隷の勤勉をもって働き、乞食の名誉をもって死ぬかもしれないような「商売」には従事しないだろう。かくの如き職業に従事する人々の動機は、ありふれた商売と違っていなければならない。誇示よりは深く
——利害よりは強く——。

エマの人生では、あらゆる権力の不正な圧迫がなんども彼女を殺そうとした。マッキンリー大統領暗殺の後の、迫害もその一つであった。しかし、それらの迫害に打ち克って、エマは間断なく運動を続けてきた。どんな迫害も彼女の進む道を防ぎとめることはできなかった。むしろ困難に出会うほど、エマの情熱は炎え上がった。

エマは社会の組織的罪悪を、その虚偽を、見のがすことができなかった。彼女は人間の心をたわめ、冷たくする社会組織に対して激昂した。そしてその虚偽や罪悪に対する憎しみの心を、そのままそれにぶつかっていった。

野枝はエマの中に、「生き甲斐のある生き方」を見た。それは野枝の、自分の「生」に対する一番大事な願望だった。何物にも煩わされず、偉(おお)きく、強く生きたいということは、常に野枝の頭を去らぬ唯一の願いであった。その理想の生活が、エマによって強くはっきりと示されたのであった。

本当に、それ程の「生き甲斐」を得るためなら、「乞食の名誉」も尊いものだと野枝は確信しつつあった。

バートランド・ラッセル

ラッセル（一八七二年〜一九七〇年）はイギリスの著名な哲学者であり、政治活動家でもある。第一次大戦中、徹底的な非戦論を主張し、ケンブリッジ大学の教授職を追われ、投獄されていた。社会主義にシンパシーを持っていたことでも知られている。

一九二一年七月には、出版社の「改造社」に招かれ来日した。二六日に帝国ホテルで談話会が開かれ、大杉らが出席した。当時の新聞には、「ラッセル氏の談話会に官憲の眼が光る」とある。

通訳は大杉を「ジャパニーズ・バクーニン……」と紹介した。ラッセルは笑みを浮かべて強い握手をした。大杉とラッセルが椅子に座ると、すぐに十数人のカメラマンが次々にポンポンと、フラッシュを焚いた。「いくら我々がアナキストだって、こんなに爆弾のお見舞いを受けちゃね……」と、ラッセルは苦笑いしていた。ラッセルの思想はアナキズムに近く、ロシア革命後のソビエトに対して批判的でもあったことから、大杉とは気があった。

三〇日には、野枝は魔子をつれて、大杉とともに横浜港まで見送りにいった。ラッセルは二ヶ月後に妻となるドラと出港するところだった。ドラは自由で情熱的な女性だった。ラッセルとドラは多くの見送りの日本人の中で、大杉と野枝のことが強く印象に残った。特に野枝のことは、ラッセルは自伝の中でこう絶賛している。

わたしたちがほんとうに好ましいとおもった日本人は、たった一人しかいなかった。それは伊藤野枝という女性であった。かの女はわかく、そして美しかった。ある有名なアナキストと同棲していた。

この時ドラは、野枝に対してこうたずねている。「官憲になにかされるんじゃないかと、こわくはないんですか。」すると、野枝は喉もとに手をあてて、それをさっと横にひくと、ひとことだけこういった。

「遅かれはやかれ、こうなることはわかっています」

野枝の気力は、この時充実していた。野性的な生命力と、果敢な行動力に富む野枝のいのちそのものは、「生き甲斐」のある道をまっしぐらに進んでいこうとしていた。

フレンドシップ

野枝は大杉への手紙の形をとった「或る妻から良人へ」という文章を書いている。その中でやはり従来の妻の形に自身がなりがちなのを、振り返っている。大杉が仕事に夢中になるのがやはり淋しい。一日中外を歩きまわったり、お茶を出しても、お菓子を出しても、夢中で雑誌の編集などに熱中されるのが不満であった。出先がわからずせっかく骨折った夕飯の御馳走がムダになったりすると、むやみに腹が立った。

だが、大杉の入獄や入院（一九二一年に二ヶ月ほど聖路加病院に入院している）で、一人になる時間があると、「結婚」について改めて野枝は考えを明らかにしていった。

それから、夫婦です。これも、従来とはすっかり変わってきたとはいうものの、お互いの生活を「理解」するという口実の下に、お互いに、どれ程その生活に自分の意志を注ぎ込もうとしていることでしょう。そしてある人々は「理解」では満足せずに「同化」を強います。Better half という言葉が、どれほどありがたがられていることでしょう。

愛しあって夢中になっている時には、お互いに相手の越権を許してよろこんでいます。けれども、次第にそれが許せなくなってきて、結婚生活が暗くなってきます。もしもたいして暗くならないならば大抵の場合に、その一方のどっちかが自分の生活を失ってしまっているのですね。そして、その歩の悪い役まわりをつとめるのは女なんです。そして自分の生活を失くした事を「同化」したといってお互いによろこんでいます。そんなのは本当にいい Better half なのでしょうけど、とんだまちがいなのですね。

そして野枝は、別居論者となっていく。その考えがあっても、なかなか実行できなかったが、一九二二年（大正一一年）一〇月には別居を実行している。友人で作家でもある江口渙（一八八七年〜一九七五年）へ送った手紙だ。

私も来年早々、大杉と別れて国に帰って、半年ばかり勉強して来ようと思って、そうきめました。これは別に意味のある別居ではなく、私の今の住居を都合上、九州に移すだけです。人手がないので、私の仕事がまるで出来ないからというのが一番重大な原因で、第二は経済の節約、忙しい時にはお互い一緒にいない方がいいという意見で、そうすることにきめました。

私共も前から別居論者なのですけれど、なかなか実行が出来ませんから、時々牢にはいったり、こんな時にでもなくては別居もできません。此度はお互いにうんと成績をあげたいものだと言っています。

ここには野枝の「私」の意識が、決して色あせずに、新鮮に息づいている。野枝にとって、大杉との関係は安息の場というよりも、闘いのエネルギーを生みだす基地であった。

野枝は魔子を大杉に託し、エマとルイズを連れて今宿へ向かった。手伝いのために上京してくれていた叔母のモトも一緒だった。

また野枝は、「自由母権の方へ」という論文を書いている。これはエマ・ゴールドマンの「結婚と恋愛」（野枝が出した『婦人解放の悲劇』に所蔵）に基づいた考えである。
「結婚」による家庭にとらわれない男女関係というのは、いったい何なのか。その根底にあるものをいったい何と呼べばよいのだろうか。野枝はこう考える。

私は、親密な男女関係をつなぐ第一のものが、決して、『性の差別』ではなくて、人と人との間に生ずる最も深い感激をもった『フレンドシップ』だという事を固く信ずるようになりました。『性の差別』はただ、同性間の『フレンドシップ』以外に、それを助ける力となるだけだと考えるようになりました。

本当に深い理解から出た『フレンドシップ』によってつながれた男と女とがさらに深く愛し合うというのは一番自然なプロセスで、今までの多くの失敗した自由結婚者たちも踏んできた道でしょうが、まだ、多くの男女の心に滲み込んだ両性関係についての古い伝説が、やがて、いつのまにか彼らを虜にして普通の因習的な夫婦関係におい込んでしまいます。そして、それが女を無能にし、従属的にしてまったく男の厄介者にしてしまいます。そうなればもうその男と女との関係は破滅にきたものです。

『フレンドシップ』には、当然ながら主従関係はない。契約だって必要ない。野枝はここから拡がって、人間の集団に対する理想も考える。野枝はこの頃、ミシンに凝っている。子どもの洋服をさかんに作っていた。そしてその原理にも興味を持ち、故障しても自分で修理していたという。

複雑な微妙な機械をいじっていますと、私は複雑である微妙を要する事ほど、特に『中心』というものが必要だという理屈は通らないのが本当のように思われます。みんな、それぞれの部分が一つ一つの個性をもち、使命をもって働いています。そしてお互いに部分々々で働きかけ合ってはいますが、必要な連絡の範囲を超してまで他の部分に働きかける事は決して許されてありません。そして、お互いの正直な働きの連絡が、ある完全な働きになって現れてくるのです。

そして野枝は、「友情とは中心のない機械である」という。互いの個性を尊重しあえる友情こそが大事なのだ。夫、妻という役割を持つのではなく、互いの力を高めあっていくことこそが大切だという。

ここまできてわかるのは、これが野枝の恋愛論であり、友情論であり、運動論でもある。労働組合の全国組織を作るとしても、そこに支配関係を作らせない。大杉なら「自由連合」という言葉で説明するだろうが、野枝の言葉のほうが、より日常的であり、具体的である——血が通っているのだ。

自由母権の方へ

「母性」についても、野枝は固定した伝統的な観念を超えて、より自由なかたちを模索している。そしてエマ・ゴールドマンの「自由母権」という言葉から自身の考え方を深めていく。

野枝は母となることは女の自由選択によるのであって、恋愛のよろこびの結果でなければならない、としている。もしその自由な母を貶めるものであれば、結婚は悪であり、女自身を売ることになる。妻という光栄よりも、母という光栄を私はとる、ということを野枝は主張している。

しかし、エマのこの言葉は重い。

然るに、母たることが自由選択であり、恋愛と歓喜と、熾烈な情熱の結果であるなら、結婚は無辜（むこ）の頭上に荊冠をおき、血文字で私生児という言葉を彫（きざ）むのである。

結婚制度を否定して、いわゆる家庭とは違う生活をはじめると、かならずその道をはばまれる。生まれた時点で、わが子は私生児よばわりされてしまう。野枝は大杉との間に生まれた五人の子どもを、一人として戸籍に届けていない。それは彼女と大杉とが、権力に刃向かう人間として、体制のあらゆる保護を拒否するという積極的な姿勢から、あえて戸籍にいれなかったのだろう。

そして野枝は子どもたちに対して、最善の愛情を注いだ。エマの言葉を借りて、こう記している。

もし彼女が母になるなら、彼女の存在が与えうる最深最善のものを子供に与えるべきである。子供と一緒に生長することが彼女の座右銘だ。かくしてのみ彼女は真の男と女との建設を助けることができるのを知っている。

だがこのような「自由母権」――「結婚制度」によらない母親の登場を、政府は恐れている。二一世紀の現代でも、社会的に公認されているわけではない。この自由な母性は、経済的な自立だけでなく、人間の連帯のなかで護られねばならない問題として問われている。野枝の「自由母権の方へ」という展望は、時代を越えて未来に生きている言葉といえよう。

野枝は、子どもはひろく社会のものと考えていた。それは〝自分の家の子〟だけではなく、辻の家においてきた一（まこと）をも、わけへだてなく家に来させていたという話からもうかがえる。

二〇二三年現在、社民党党首である福島みずほさんは、「家族を超えたネットワーク」という文章の中で、こういっている。

私は、共同生活者（夫のようなもの）がいて、子どもがいるが、シングルの意識も強い。戸籍も住民票も彼とは別であり、法律上は赤の他人で、お互い死亡しても法定相続人にならない。別の名前、別々の収入、別々の通帳口座、……を持っている。（中略）

子育て、介護をするときには、地域のネットワークやいろいろな人の手に本当に支えられる。逆に言うと、何でもかんでも家庭のなかに押し込めるのではなく、家族を支えるネットワークがあってはじめて、元気に子育てや介護ができるのだと思う。

野枝の考え方は、百年先の現代――今へとつながっているのだ。

大杉、八幡へ

一九一七年のロシア革命は、日本の労働運動にも大きな影響を与えている。だがその評価について、社会主義者は二つに別れていく。一つは堺利彦、山川均らのボル派である。これはロシアの多数派ボルシェビキ（マルクス主義）からつけられた。もう一つが大杉栄に代表されるアナ派であった。これは、アナルコサンディカリズム（無政府組合主義）からきている。両派が提携している時期もあったが、やがてその論争は激化していく。アナ・ボル論争である。

大杉は第三次『労働運動』で、一九一九年からロシアにわたっていたエマ・ゴールドマンらのロシア革命批判の意見を紹介している。それは、ロシア革命後、多くのアナキストたちが、反革命分子として銃殺されていた、というものだった。早い時期に、ロシア革命批判の視点を自分のものにしていた革命家は、日本でもそして世界でもまれであった。

また、労働組合運動についても、対立は深まっていった。友愛会を中心とする総同盟と、非総同盟である。総同盟側は「中央集権」を主張し、非総同盟側は大杉の説く「自由連合」を主張した。

そして大杉は労働運動の基礎を「経済的要求」にとどめるのではなく、「人間的要求」に求めた。他人の意のままに、自分の生活と運命を左右されている現状から、僕ら自身を解放し、自分で自分の生活、運命を決定したい、という大杉の考えは多くの労働者の心をひきつけていた。

一九二二年（大正一一年）二月五日、八幡製鉄所罷工記念演説会が開かれた。二年前のこの日、浅原健三ひきいる日本労友会が八幡製鉄所でストライキを打った。浅原は在京時代に大杉らと接触し、その影響下にあった。参加人数はおよそ二万人、五日間にわたって溶鉱炉五基すべてがとめられ、三八〇本の煙突からぴたりと煙がとめられた。ストライキは第二波にもおよび、二月下旬にもしかけようとしたが、会社側はロックアウトで対抗。警察、憲兵隊、右翼暴力団による幹部の検挙、ストライキ労働者の脅迫などで切り崩しを計った。結果、労友会は力でねじふせられてしまう。そして二二四人がクビになり、浅原もふくめて組合幹部三〇人が逮捕起訴された。

八幡製鉄所の大争議は敗れ、労友会は壊滅したけれど、二月五日は八幡の労働者にとって忘れることのできない日となった。記念集会では友愛会が応援を申し出たが、浅原はていよく断ったという。そして大杉にきてくれないか、と声をかけたのであった。

大杉と和田、近藤らは警察に見つからないように、こっそり行動していた。会場の映画館は身動きもできない満員だった。和田、近藤は身分を変えて登壇した。そして司会者がわって入り、会場にこう告げた。「ただいま東京から駆けつけた、わが国無政府主義の巨頭、大杉栄君を紹介します。」聴衆は、一瞬、ぼうぜんとしていたが、しばらくしてわれに返り、あらしのような拍手がまき起こった。舞台には浅原と近藤が背後に立ち、その後ろに三〇人ほどの同志が立って、国粋会員の暴力に備えた。大杉がベルト付きのコートに純白のマフラーをのぞかせて登場した。

僕が十年前当地を通過した時、汽車の窓から幾百となく突立った巨大な煙突を見て、友人とともにこの煙が労働者の手によって一日でも止められたら、僕は死んでもいいと話したことがある。一昨年、僕が獄中で寒さに苦しんでいたとき、突然八幡の煙が止まった、同盟罷工が勃発したとの報知があった。五年前までは、労働運動はあまり重大視されず、暖簾に腕押しの状態であった。諸君も五年以前には決してこの煙を止め得るとは考えなかったであろう。しかるに今日では、この煙が止まったくらいで死んでもいいと言えば、諸君は笑うであろう。それまでに運動は進んだ。

わが国の労働運動は、米騒動をもって、新紀元をかくし、労農ロシアの革命によって刺激され、影響されるところが少なくなかった。

大杉は四〇分ほどしゃべったところで、警察に中止を命じられてしまった。それでも彼にとっては、公開の場での最長記録となった。秘密裏に動いたのが功をそうしたのだろう。ひとりの逮捕者もださず、しゃべりたいこともしゃべれて大成功であった。大杉にとって、このときのうなるような歓声は生涯忘れられないものとなった。

浅原も安堵し、「示威行列で私の家に引き上げ、痛快を叫びながら殆ど徹夜して語った。これが大杉と閑談した最後の夜となった」と書き記している。

ルイズ、そして二人の革命家

六月、野枝と大杉は三冊目の共著をアルスから出した。『二人の革命家』である。その序の終わりには「ルイズが此の世に出てから一週間目に」とある。この時、野枝は四女を出産したばかりだった。大杉は序でこう書いている。

伊藤は今第四の女子を生んでまだ産褥にいる。僕が伊藤の代理までして、この序文を一人で書いてしまったのはそのわけだ。こんどの子は、僕の発意で、ルイズと名づけた。フランスの無政府主義者ルイズ・ミシェルの名を思い出したのだ。彼女はパリ・コミューンの際に銃をとって起ったほど勇敢であったが、しかしまた道に棄ててある犬や猫の子をそのまま見棄てていく事のどうしても出来なかった程の慈愛の持主であった。

この本の中で、大杉はおもに「無政府主義の父」と呼ばれたバクーニンについて書いている。一方野枝は、大杉との出会いとなった『婦人解放の悲劇』から、エマ・ゴールドマンの論文を再掲した。そして最後に、野枝は今宿を舞台とした「無政府の事実」を書いている。
――野枝の生まれた村は、戸数は六七十くらい。これが六つの小さな「組合」に分かれている。

ある家に病人が出来る。直ぐに組合中に知れる。皆んなは急いで、その家に駆けつける。そして医者を呼びに行くとか、近親の家々へ知らせにゆくとか、その他の使い走り、看病の手伝いなど親切に働く。病人が少し悪いとなれば、二、三人づつは代わり合って毎晩徹夜をしてついている。それが一週間続いても十日続いても熱心につとめる。

ここにはアナキズムの思想の「相互扶助」の考え方がある。

私どもは、無政府主義の理想が、到底実現することのできないただの空想だという非難を、どの方面からも聞いてきた。（中略）

しかし私はそれが決して『夢』ではなく、私どもの祖先から今日まで持ち伝えて来ている村々の、小さな『自治』の中に、その実況を見ることができると信じていい事実を見いだした。いわゆる『文化』の恩沢を充分に受けることのできない地方に、私は、権力も、支配も、命令もない、ただ人々の必要とする相互扶助の精神と、真の自由合意による社会生活を見た。

野枝は頭で描いた主義主張からではなく、野枝の命そのものが社会主義というものを体感し、そして体現しているのだ。天然の思想ともいえるだろう。それは大杉が「死灰の中から」で告白しているように、「本当の社会改革の本質的精神」が、野枝の中で燃え上がっているのだ。『二人の革命家』という題は、大杉と野枝のことなのかもしれなかった。

大杉、フランスへ

大杉のアナキズムへの方向はより鮮明になってきた。そして、一九二二年一二月、大杉は日本を脱出することになる。フランスの同志からの手紙で、アナキストの国際会議が開かれるのを知り、それに参加しようとしたのだ。国を出るからには、再び帰ってこられる保証はない。郷里に戻っていた野枝も知らせを受けて、急遽帰京した。大杉はまず上海に密航し、そこからフランスに渡っていった。

出発の際には、尾行は五歳の魔子から聞き出そうとするので、気づかれないように魔子は子どものいる同志の家に預けた。そして大杉は病気だということにして、毎日氷を買いにいくのだが、その役をわざと尾行にやらせた。大杉の不在を警視庁が知ったのは二週間後であった。

野枝は一九二三年（大正一二年）二月号の『労働運動』に、「行方不明」という文章を載せている。

一二月の中旬からしばらく風邪で寝ていた大杉が、いつの間にか抜け出した。押し詰まってから警視庁では大騒ぎをはじめた。

世間の噂では、ロシアに行っただの、警視庁から旅券と金をもらってドイツに行っただの、雪の越後赤倉温泉で著述に耽っているなどとさまざまな憶測が飛んだ。野枝はロシアへ行ってシコタマ金を持ってきたり、ドイツで大名旅行をしたり、温泉で悠々自適もまんざらではない、と面白おかしく綴っている。

当の大杉は、ベルリンで国際会議があるというので、フランスのパリで待っていた。だが、会議は延期が続いてなかなか開かれない。カネもなくなり、いらだつ中で、一九二三年五月一日、メーデーの日を迎えた。

サン・ドニで開かれたメーデーに大杉は出かけていった。八〇〇人あまりの労働者が集まっている。演説が始まったが、どれも面白くなかった。聴衆も盛り上がらず、拍手もしだいに減っていった。大杉はオレにもしゃべらせろといって、「日本のメーデーについて」という題でフランス語で演説をはじめる。壇の下で女たちが「セエサ、セエサ（そうだ、そうだ）」と叫んでいた。大杉は三〇分ほどしゃべり通した。演壇を下りたところで、大杉は私服警察にとりおさえられ、ラ・サンテの監獄に入れられてしまう。ここは未決監であると同時に有名な政治監でもあった。

ラ・サンテの監獄で、大杉は日本の魔子にあてた詩を作った。

魔子よ、魔子
パパは今
世界に名高い
パリの牢獄ラ・サンテに。

だが、魔子よ、心配するな
西洋料理の御馳走たべて
チョコレトなめて
葉巻スパスパソファの上に。

そしてこの
牢屋のおかげで
喜べ、魔子よ
パパはすぐ帰る。

おみやげどっさり、うんとこしょ
お菓子におべべにキスにキス
踊って待てよ
待てよ、魔子、魔子。

大杉は子煩悩だった。魔子だけではなく、日本にいる時は、エマとルイズを乳母車にのせて、よく近所を散歩していた。

この詩の中で予想していたように、大杉は国外追放となり、六月三日、日本郵船・箱根丸でマルセイユを出港して、七月一一日に神戸港に到着する。身重となっていた野枝は、魔子をつれて出迎えた。だが、大杉は林田署に連れていかれ三時間以上も取り調べられる。須磨の旅館で待っていた野枝のもとに、大杉が現れたのはもう夕方になっていた。

七ケ月ぶりということで、魔子は「父ちゃんが帰った、父ちゃんが帰った」と大はしゃぎだ。野枝もこんなに長く大杉と離れていたのは、はじめてだった。大杉は陽にやけ、肥って、出発前よりずっと健康そうになっていた。大杉の厚い胸板に、野枝は早く顔をうずめたかった——そして翌一二日、三人は列車に乗って東京駅へ向かった。パリから亡命し、そのまま消息を絶たれても仕方のなかった大杉が、こうして横に座っている。一二時間もの長旅も、野枝には苦にはならなかった。

東京駅には出迎えの人が、見物人も含めておよそ八〇〇人にものぼっていた。国禁を犯して脱出した人間に対して、まるで大臣か将軍の出迎えのような賑やかさである。大杉は白い洋装に白いヘルメットで、葉巻をふかしながら、「やあ、やあ」と歓呼にこたえている。

その頃自宅となっていた、労働運動社の二階に戻ると、野枝たちはサイダーを抜いて祝杯をあげた。そろって夕食をとっているところに、押しかけた新聞記者たちが勝手に階段を上がってきては写真を撮り始めた。浴衣姿でくつろぐ野枝は、身重の体にルイズを抱きかかえて、うれしそうにカメラを見つめている。

その後八月五日には、労働運動社とは別に自宅をということで、淀橋町柏木(かしわぎ)に引っ越した。九日、野枝は大杉との長男を生んだ。この頃大杉が最も傾倒していた、無政府主義将軍と呼ばれているネストル・マフノにちなんで、ネストルと名づけられた。

私共を結びつけるもの

一九二三年には野枝は、大杉との生活を描いた「私共を結びつけるもの」を『女性改造』に載せている。

彼は大抵の場合子供を連れて歩きまわります。子供と一緒に玩具(おもちゃ)をあさり、食物を選び、その着物、シャツ、靴足袋の類までも世話を焼きます。彼が格別の用事を持たず家にいる時には大部分子供と一緒です。出るにも入るにも子供を連れています。同時にまた私の相手もよくしてくれます。私が夕飯の支度でもするときにはお芋や大根の皮むきくらいは引き受けます。七輪のそばにしゃがみ込んで、はじめからしまいまで、見物しています。

大杉は家庭では実に善良な父であり良人(おっと)であった。しかし、大杉は理想のためならば家庭を離れることのできる覚悟があった。そしてその時にも、家庭の上に深い注意を払うことを怠らなかった。野枝の大杉に対する信頼は、彼のその態度にあった。野枝はこう書き記している。

彼は足掛八年の間変わらぬ愛で我儘(わがまま)な私を包んでくれた寛大な愛人であり、思いやり深い友人であり、信頼すべき先輩であり、同志です。

そして八月一日には、大杉との四冊目の共著となるファーブルの『科学の不思議』を共訳で出している。この本の中では、ポオル叔父さん（実際にはファーブル）が、一二、三歳から七、八歳の甥や姪を相手にして昆虫たちなどの不思議を、説き明かしていく。野枝は「訳者から」でこう書いている。

ポオル叔父さんは、本当に驚くほど物識りです。
私はこのフランスの親切な叔父さんのお蔭で、お伽話ばかりおもしろがっている日本の子供達に『本当の話』がどんなにおもしろいものかという事がわかれば本当にうれしく思います。

大杉と野枝の関心が、ファーブル、つまり昆虫に傾いていたというのは、二人が百年前にすでに人類の愚かさについて考えはじめていたということではないだろうか。昆虫は自ら環境を破壊しないし、無益な殺戮もしない……。二人は遥かな未来を見ようとしていたのではないだろうか。
野枝はできあがったばかりの『科学の不思議』を、辻潤のもとにいる一(まこと)に送っている。一は、九月にはもう一〇歳になろうとしていた。
大杉は新たな自由連合同盟の結成に動いていた。これはアナキストと、革命的労働者との広範な「自由連合」の結集を目指したものであった。野枝は『労働運動』に「権力憧憬の野心家の群」を発表している。これは、資本家政治がくつがえされた後の、労働組合の権力志向を批判したものだ。

労働者は彼等に眩まされてはならない。その周囲の事物を見分けるに、他人の眼で観、他人の頭で考えてはならない。自分の眼をあけて観、自分の頭で判断しなければならない。

大杉もそして野枝も、大いなる「自由」を希求していた。

虐殺

九月一日一一時五八分、関東地方は激震に襲われた。右ひだりに大きく揺れると、地上の家の屋根瓦が吹き飛び、建物はひとたまりもなく横倒しになった。マグニチュード七・九のこの大地震は、昼食の支度に使われていた家々の炊事の火を覆し、大火災を発生させた。圧死者、焼死者、行方不明者が一〇〇万人を超えるという、未曾有の大惨事となった。

二日には朝鮮人襲来の流言蜚語が飛びかうようになった。現在では、これは警察と軍部が社会不安をそらすために作りあげたフレームアップである、というのが定説になっている。だが罹災者はこのデマにたやすくのせられた。こうして軍隊、警察、自警団の手によって多くの朝鮮人が殺された。時の政府はこれを隠蔽し、調査すらしなかったが、朝鮮歴史家の研究によると、六六〇〇人が犠牲者となっている。そしてその背後では、社会主義者が糸をひいたというデマも当局によって流された。

柏木の大杉、野枝たちの家は幸いにも被害は小さかった。大杉は相変わらず悠然として、子どもたちを乳母車にのせて散歩していた。隣人の評論家の内田魯庵（ろあん）（一八六八年〜一九二九年）が心配して「当分、物騒だから、少し出歩かない方がいいよ」と忠告した。だが大杉は「うん、しかし、やられる時はやられるよ」と、暢気（のんき）そうに笑っていた。

野枝は避難してきた二家族の世話をしていた。米は玄米しかなく、乾物もカンヅメもなくなり困っていた。甘藷（かんしょ）をふかすと魔子が鍋ごと抱いて、当時流行っていた「お前とならばどこまでも」の節で、

「おいものふかしたのいりませんか、ふかしたおいもいりませんか」と歌いながらお芋を配っていた。いつまでもふざけて歌っていたので、野枝が叱ったら、魔子はぱっと鍋をほうりだして逃げてしまった。野枝は「仕様のない子ね」と、ちらばった甘藷をまめまめしく拾い集めていた。

野枝や大杉が心配したのは、大杉の弟勇（いさむ）が横浜に住んでいて、その安否がわからないことだった。野枝は大杉の妹柴田菊宛てに手紙を出している。

私共は郊外で高台でしたので、地震の被害も大して被らず、火事にもあいませんでしたのでみんな無事でした。けれども心配なのは勇さん一家です。

あなたの方へ無事避難しておいでになればいいのですけれども、あやめさんがどんなにか心配しておいでのことでしょう。みんなに怪我があったとは思いたくはありませんが、消息不明なので心配でなりません。

勇の家には、アメリカから病気療養に帰ってきていた大杉の妹あやめの子、橘宗一（たちばなむねかず）が預けられていた。魔子と同じ六歳だった。あやめは静岡の妹のところに身をよせ、単身病気を治していたのだ。療養中のあやめに野枝は、ミートゼリーやスープを送っている。野枝のこまやかな気配りと優しさが感じられる。

そして九月一五日、心配していた勇から手紙が届いた。関東大震災の震源地が神奈川県ということもあって、街は壊滅状態。勇一家は、鶴見の同僚宅にお世話になっているという。

翌一六日午前九時頃、野枝と大杉は早々に柏木の家を出て、鶴見の避難先にでかけることにした。二人とも洋装で、野枝は麦藁帽をかぶりオペラバックを持ち、大杉は白いスーツにソフトの中折帽をかぶっていた。

二人は鶴見で勇と会い、宗一を「ここでは不自由だろうから」と、柏木の家に連れて帰ることにした。野枝と大杉、宗一の三人は午後五時半頃、柏木に戻ってくる。子どもたちのためにと、野枝が八百屋によって梨を買っていた。この時、大杉が宗一に赤いリンゴを一つ持たせてやっている。

そこに、甘粕正彦（あまかすまさひこ）大尉ひきいる憲兵隊五人組がやってきた。甘粕が「ご同行をねがいます」という。大杉は「ちょっと、家まで帰らしてくれないか、これを置いてきたいから」と、野枝のかかえている梨の包みをさした。だが甘粕はキッパリとそれを断った。

大杉は淀橋署に止めてあった車に、野枝と宗一は別の車に乗せられて、午後七時頃、大手町の憲兵隊本部に連行された。宗一が持っていた赤いリンゴが、憲兵隊の入り口でころりところがった。宗一はリンゴを追って駆け、腰をかがめて拾った。そしてニッコリと笑った。

三人は別々の部屋に入れられた――そして大杉は午後八時半頃、野枝は午後九時半頃、そして宗一はその直後、扼殺された。だが「死因鑑定書」によれば、大杉の体は肋骨が三ヶ所、そして胸骨も完全骨折していた。そして野枝の体も、肋骨が三ヶ所と胸骨が完全骨折している。その上、体は暗赤色に変わっていた。鑑定書では、すこぶる強なる外力（蹴る、踏みつける等）が加わった後、扼殺されたとある。

暴行を受けながら、野枝の脳裏には何が浮かんできたのだろうか。大杉のこと、宗一のこと、そして家に残してきた愛しい子どもたちの顔だろうか。

だが痛みに耐えながらも、野枝の視線は強く甘粕に向けられていたに違いない。そして、その意識が遠のこうとする時、今宿のあの海が見えたのではないだろうか。

「吹けよ、あれよ、風よ、あらしよ」――この言葉を宙に刻んで、野枝の命は昇天していった。

第五章　野枝の遺したもの

（1）甘粕正彦

主義者殺し

野枝の最期の時、強く視線を向けていた甘粕の背後に、野枝は何を見たのであろうか。そして、甘粕正彦とはいったい何者だろうか。

大杉と野枝を虐殺した後、その記憶は彼の体に永久に遺り続けた。そして甘粕の人生は、虐殺後の時をどう生き、どう終わるのかを見ていきたい。

野枝と大杉、そして甥の宗一が、家の近所の八百屋で梨を買ってから、三人の行方はようとしてわからなくなった。だがこの時、三人はすでに憲兵隊本部の古井戸に、裸にされ菰に包まれ、麻縄で縛って投げ込まれていた。しかもその上から煉瓦が多数投げ込まれ、さらには馬糞や塵芥が投げ込まれて、井戸は完全に埋められていたのだ。

井戸の底での野枝の無念を思うと、私はやり切れなくなる……

ここでこの事件の前後の状況と、その発覚について見ていきたい。

九月一日に関東大震災が起きた後、政府は翌日の二日に戒厳令の宣告に踏み切った。しかし戒厳令は、枢密院の諮詢を得ることが必要だったのだが、この時は諮詢をへることなく、緊急勅令による宣告だった。

この時、戒厳宣告に積極的だったのが、警視総監の赤池濃と内務大臣の水野錬太郎であった。この二人は四年前、日本からの朝鮮独立を叫ぶ三・一万歳独立運動に対し、治安行政の責任者としてコンビを組んでいた。水野は南大門からの馬車に独立運動派から爆弾を投げつけられ、彼は無事だったが二九名もの重軽傷者を出したという経験をしていた。未曾有の大震災を前にして、首都の治安をあずかる水野と赤池は、戒厳令の宣告に動き、また「朝鮮人暴動」のデマを流したのではないか、という疑念が持たれている。だが、それを断定する証拠はない。いずれにせよ、戒厳令による軍事的制圧の対象は、「不逞団体」つまり社会主義者と朝鮮人に向けられたのであった。

大杉らの虐殺事件が発覚したのは、警察と憲兵隊の反目からであった。大杉は常に淀橋署の刑事によって尾行されていた。九月一六日、大杉ら三人が甘粕憲兵大尉と森曹長らによって拉致されると、見張っていた刑事はこれを淀橋警察署長にすぐに報告した。そして署長は警視総監に迅速に報告した。

赤池から代わった湯浅倉平警視総監はこれを内務省警保局へ知らせ、また陸軍の福田雅太郎戒厳司令官に、その後の報告を求めた。福田は憲兵司令官・小泉六一少将に問い合わせたが、小泉は連行の事実さえ否定した。警視総監は、軍―憲兵隊への干渉をさし控えて、事件の概略をこの時、内務大臣となっていた後藤新平に報告し、後藤は首相・山本権兵衛に報告した。その結果、首相は陸軍大臣・

田中義一に調査を命じた。

九月一九日の閣議は、甘粕の問題で議論が沸騰した。内相の後藤新平が陸軍の人権蹂躙を厳しく追及したといわれている。陸軍もこの事件をウヤムヤに済ませることはできなくなり、二〇日付で、小泉憲兵司令官と小山東京憲兵隊長を停職にし、福田戒厳司令官に辞表を提出させた。そして、甘粕、森の二人は軍法会議に付されることになった。

第一回軍法会議が、一九二三年一〇月八日に開廷されたが、新聞記者のみならず、傍聴券を求める群集は数千人にのぼった。それは思想的相違から殺害したのみならず、子どもまでもその道連れにしたことが人びとの憤激をかったのであった。

公判での甘粕の供述は次のようなものであった。

森曹長が大杉栄だけを連れて行き取り調べております時に、私が大杉栄の腰かけている後方からその室に入って直ちに右手の前腕を大杉栄の咽頭部にあてて左手首を右手に握り後ろに引きましたれば椅子から倒れましたから右膝頭を大杉栄の背骨にあて柔道の締め手により殺害いたしました。(中略)
野枝が笑いながら話している中に私が右横にまわり大杉栄に対して施したと同じ方法により絞殺いたしましたが、伊藤野枝の方は位置が悪かったため大杉栄よりも一層困難で野枝は二三回ウーウーという声を出し、また私の左手首の所を掻きむしりましたが、同人も約一〇分位で絶命しました。

こう甘粕は自分一人による絞殺であったと供述しているが、これは後にくつがえされることとなる。また、「笑いながら話して」とあるが、野枝は最後にどんな言葉を語ったのだろうか。

私（甘粕）は室内を歩きながら、戒厳令などという馬鹿なことをやったと思っているだろう、と聞いたところ、笑って答えませんでした。兵隊などというものは馬鹿に見えるだろう、と野枝に重ねて尋ねますと、この頃は兵隊さんでなければならぬようにいうではありませんか、という答えが返ってきました。

そこで私は、自分らは兵隊で警察官だから、君たちから見れば一番イヤなものだろう、君たちは混乱がさらに続くことを望んでいるのだろう、と尋ねました。すると彼女は、あなたたちとは考え方が違うから仕方ありませんね、と笑いながら答えました。

それを聞いて私は、どうせ君はこんな状況を原稿の材料にするのだろうというと、もう本屋から二、三注文がきている、と笑いながら答えました。

野枝は殺されてしまって、今はもういない。だが確かに野枝は天国で「憲兵隊の横暴」という文を、キッと眦（まなじり）を上げて書き続けているに違いない。

さて、二人と引き離されていた宗一であるが、これも甘粕は自分が絞殺したと供述している。だが弁護士の甘粕に対する質問で宗一殺しは否定し、法廷は波瀾に包まれた。その後、鴨志田五郎、本田重雄、平井利一が宗一殺害に関与したとして、自首してきて被告は五人に増えた。

一九七六年（昭和五一年）、大杉と野枝、そして宗一の『死因鑑定書』が半世紀ぶりに発見された。これは解剖軍医の夫人が大切に保存していたものだった。宗一の死因は、首を腕などの鈍体によって絞圧、窒息させられたものとあった。また大杉と野枝には、数人がかりでの踏んだり蹴ったりというすさまじい暴行のあとが見て取れ、甘粕の供述が偽りであったことが明らかになった。

この事件は当初から、軍の上層部の関与が疑われていた。甘粕は大震災当日の九月一日、それまでの渋谷憲兵分隊長に加えて、麹町憲兵分隊長との兼務を命じられた。麹町憲兵分隊は「東京憲兵隊の近衛師団」といわれ、この異例の人事異動は無政府主義者大杉栄を視野にいれたものではなかったか、と思われる。また公判の中で鴨志田は、甘粕が「上官の命令で決してお前たちに責任は負わさぬ」といったことを供述している。本田も「森曹長から、これは司令官からの命令だから絶対に口外しちゃいかんといわれました」と供述した。司令官といえば、福田雅太郎戒厳司令官か、小泉六一憲兵司令官しかいない。だが、森曹長はこれを否定した。そして甘粕はあくまでも、自分一人の個人的な犯行であると一貫して主張している。


私が大杉栄を殺害しようと思ったのは、憲兵分隊長としての職務でやろうとしたのではなく、一個人として国家のため殺害する必要があると信じたからであります。ゆえにその殺害は、私自身が責任を受けるべきものと覚悟いたしております。

また甘粕は自らの考えを、公判の中で昂然とこう述べている。

社会主義はその根本は間違っていても、学者の中には真面目に研究する者もあり、一面聴くべきものもあります。しかし無政府主義に至っては、国家の権力に対し、根本からこれに反抗し、ひいては我が国体を蠹毒し大和民族の帰結を害うこと甚しきものであります。従ってかかる危険思想は、国家を憂うるものの決然起って排斥すると同時に、建国の大本を無視する獅子身中の虫には天に代って制裁を加えなければなりません。

軍法会議は軍上層部に対する徹底的な疑惑追及がなされぬまま、一一月二四日に開かれた第六回軍法会議で、早くも結審を迎えた。判決は二週間後の一二月八日にいい渡された。

甘粕は懲役一〇年、森は懲役三年、鴨志田、本田、平井は無罪となった。結局、宗一殺害に関与したとして自首してきた東京憲兵隊の三人を無罪としたことにも、この裁判の異常さは現れている。

宗一は誰にも殺されなかったのだ。

獄中、そしてフランスへ

甘粕は生涯に一冊だけ本を書いている。千葉刑務所で自分の心境を綴った『獄中に於ける予の感想』である。国家主義者の頭山満が題字を書いている。

獄中では「あれが有名な〝主義者殺し〟の甘粕大尉らしい」と時折ささやかれていた。房内は、冬場になると凍てつく寒風が手足にあかぎれを作り、夏は四〇度近くまで上がった。だが甘粕の皇室崇拝は、獄中でも一貫していた。

神なくして、天皇なくして現在のかくの如き私はあり得ない、天皇なく神がなかったら、よりよき者になろう、完全に近づこうという心は起こり得ないだろう。

と甘粕は記している。この甘粕の生い立ちとは、どのようなものであったのだろうか。

甘粕は一八九一年（明治二四年）に仙台で生まれた。父の転勤で三重に移った甘粕は、一四歳の時に、名古屋の陸軍幼年学校に進んだ。幼い頃に読んだ日清戦争の絵本で、兵隊さんに憧れたことがきっかけであったという。くしくもそこは大杉が六年前に入学したところだった。一九歳で甘粕は、東京市ケ谷の陸軍士官学校に入学した。彼は毎朝早起きし、校庭の小高い山に登って皇居を遥拝（ようはい）し「天皇陛下万歳」と唱えたという。その頃、教官だった東条英機は、「甘粕は見所がある生徒だなあ」と周囲に漏らしたという。

陸士を卒業した甘粕は、見習士官を経て、陸軍戸山学校に入校した。だがそこで、乗馬の訓練中に落馬して、膝を大怪我してしまう。将来を嘱望されていた彼は、その前途を遮（さえぎ）られたのである。一時は軍隊を辞め、教育者になろうとも思っていたが、東条英機にこう説得された。「憲兵は軍の秩序を守る要だ。そちらの方で頑張ってみろ」――こうして、憲兵甘粕正彦が誕生したのだった。

一九二六年（大正一五年）一〇月九日、懲役一〇年だった甘粕は、わずか二年一〇ヶ月の刑期で仮出獄した。出所後、行方の知れなかった甘粕であったが、一一月二日の朝日新聞で「山深き温泉に隠れた甘粕大尉」と一面トップで報じられた。甘粕は、「私の傷にさわってくれるな」と語っている。

翌年の春、甘粕は服部ミネと結婚した。ミネは堅実で我慢強い女性だった。ミネの兄はこの二人のことを「駿馬（甘粕）と鈍牛（ミネ）」と評している。そして、一九二七年（昭和二年）七月、甘粕は新妻のミネを連れて日本を離れ、フランスに渡った。

甘粕は大阪憲兵隊長や私服の憲兵らに護られて、神戸港から旅立った。フランス行きは甘粕の希望であった。軍法会議で甘粕は、事件はあくまで自分一個人として起こしたと証言している。それが真実だとすれば、憲兵司令部は、甘粕は組織とは無関係の男だと切って捨てられたはずである。だが、憲兵司令部は見送りに最高幹部まで出している。

この甘粕の渡航費と滞在費は、どこから出たのであろうか。甘粕の渡仏が決まった時の陸軍大臣は、宇垣一成（うがきかずしげ）だった。軍が甘粕に生活に困らないだけの機密費を、送っていたと考えられている。宇垣は事件当時陸軍次官であり、大杉の検束を命じたといわれる人物である。

これはその時の憲兵隊副官であった、坂本俊馬の証言である――「大杉殺害事件直後に、宇垣が甘粕を呼んで密談していた」

当時の状況から見て、これは小泉憲兵司令官に対する、宇垣次官の計らいであり、万が一のことも考え、独身であり、人格識見の高い甘粕が選ばれたのであろう。

甘粕はこの軍の期待にこたえて、終生「私個人の犯罪である」という姿勢を貫くのである。大杉と野枝、そして宗一は、政府が出した戒厳令を機に、軍によって無惨にも虐殺されたのである。

一九七二年（昭和四七年）、名古屋の草むらから、橘宗一の墓碑が発見された。墓碑は宗一の父親、橘惣三郎が昭和初期にひそかに建立したものだった。わずか六歳で殺された息子を想い、墓石の裏には父親の痛恨と憤怒の言葉が刻まれていた。

「犬共ニ虐殺サル」

満州での謀略

甘粕がフランスから帰国したのは、一九二九年（昭和四年）の二月だった。その夏、甘粕は突然満州に現れた。甘粕と満州を結びつけたのは右翼思想の大立者と評される大川周明であるといわれる。大川はやがて大東亜戦争遂行の最大のイデオローグとなっていく。

この頃関東軍は、世界恐慌による国内の不安を取り除くには対外進出が必要であると考え、「満州は日本の生命線である」という方針を、政府の承諾を経ずに強めていった。甘粕は関東軍の、板垣征四郎と石原莞爾（かんじ）の「満蒙領有計画」に同調し、この二人と同志的行動をとっていく。だが、〝主義者殺し〟の烙印を押された甘粕の動きは、常に影の中であった。表向きには関東軍と無関係の甘粕には、身分の保証はない。もし甘粕が謀略の失敗で死んでも、理由も明らかにされぬまま葬られたであろうし、成功しても報いられはしない。甘粕は大きな国策の中で生きることを決意した。彼は母の旧姓からとった〝内藤機関〟という民間の特務機関を作り、関東軍特務機関のいわば別動隊として満州建国の謀略工作に関わった。

一九三一年（昭和六年）九月一八日、満州事変へとつながる柳条湖事件が起こる。甘粕は日本軍出兵の口実づくりのため九月二二日、ハルビンの日本領事館や朝鮮銀行に爆弾を投げ込んだ。ハルビン暴動である。それは中国人が襲撃したように見せかける謀略工作だった。

同年一一月、関東軍はクーデターにより幽閉されていた清朝最後の皇帝、溥儀を脱出させ擁立しようとした。この逃亡劇を仕組んだのも甘粕であった。溥儀を天津から湯崗子まで洗濯物に化けさせて柳行李に詰め込んだり、苦力に変装させ三等車に押し込んで極秘裏に逃亡させた。溥儀を迎えた一団の先頭は甘粕だった。甘粕はピシリと両脚を揃えて一礼した。長身の溥儀を見上げるように、丸い鉄ぶちの眼鏡の下から向けられた視線に、溥儀は圧迫を感じた。溥儀はかつてこのように、迎合の色のみじんもない視線を浴びたことはなかった。関東軍は溥儀を擁立することで、満州国の正当性を国際社会に示したかったのである。満州国は日本の傀儡であり、溥儀は日本によって利用されたのであった。

規律正しく高い実務能力を持ち、天皇崇拝主義者の甘粕は、軍にとって得難い人物であった。そして甘粕は期待通り、秘密を厳守し、軍の意向を忠実に決行していった。

甘粕はその働きを認められ、一九三二年（昭和七年）の満州国建国後は、民生部警務司長（警察庁長官に相当）に大抜擢され、表舞台に登場する。一九三九年（昭和一四年）には、総務庁次長・岸信介の尽力で満州映画協会（満映）の理事長となった。

満映理事長

満映は二年前に設立された国策会社であったが、スタジオ建設をめぐる建設会社との癒着や、幹部が関東軍と宴会ばかりやっているなど、経営はたるんでいた。一一月一日、新理事長となった甘粕は、午前九時五分前に出社した。理事長室に入った甘粕は、定刻九時きっかりに庶務課長を呼んだ。そしてまだ出社していない重役や部長の自宅に、車を差し向けてすぐ出社するように命じた。恐る恐る理事長室に集まった幹部たちに、甘粕はこう宣言した。「徒歩で来る人たちは、朝九時には出勤しているのに、自動車の迎えを受ける人が時間を励行しないのは間違いです。明日から必ず正確に九時に出勤してください！」

その後全職員を講堂に集めて、ごく短い挨拶をした。続いて総務課長が、甘粕へのお追従だらけの挨拶をした。すると甘粕の顔はみるみる紅潮してきた。「もうよい。やめなさい。やめるのです！」甘粕のドスのきいた怒号が響いた。甘粕には秋霜烈日（しゅうそうれつじつ）の激しさ、カミソリのような冷厳さがあった。また追従してくる者、偽善者に対しては、まるで仇敵のような当たり方をした。

そして理事長就任後二週間で甘粕は人事の詳細をつかみ、リストを作り上げた。履歴書の嘘を彼は決して見すごさなかった。一二月から人事の大異動が始まる。歓迎の挨拶をした総務課長は「総務部付」の平（ひら）に落とされた。高い地位から一挙に平社員に落とされる者、月給が倍にハネ上がる者など、悲喜こもごもの大騒動となった。社員の五パーセントがクビになったが、学歴詐称などそれぞれ思い当たるフシはあった。毎朝九時五分前には出社して、テキパキと指揮をする甘粕には、誰も歯が立たなかった。

甘粕は元憲兵らしい果断さで人事に大ナタをふるうその一方で、彼らの転職には尽力した。また俳優の最低賃金を引き上げている。李香蘭（りこうらん）の中国名で売り出した満映最大のスター山口淑子はこう語る。

「私もどんなに恐ろしい人がくるのだろう、と思っていましたが、実際に会ってみると思っていたよりも小柄で、口数の少ない人でした。そしてすぐに、職員の待遇改善に着手したんです。特に低く抑えられていた中国人の俳優やスタッフの待遇について、甘粕さんは『それはおかしい』といって、給与を引き上げるよう指示を出したのです。それ以来、中国人スタッフはみな、甘粕さんを慕うようになりました」

また甘粕は多忙な生活の中でも、人からもらった手紙には、たとえ相手が部下でも若い者でも、必ず自筆の返事を送った。自分を頼ってくる者には、実によく面倒をみた。一人の失業者のために、自動車を駆って飛びまわり就職を世話し、病気や災難で苦しむ者があると金銭的にも人知れず面倒をみた。

甘粕の中には、善と悪との深い二面性があった。かつて彼は、獄中記の中にこう書いている。

世の中には絶対の善もないが、絶対の悪もない。世に在るもののすべては、善であると同時に悪である。

そしてこの言葉の続きにはこうある。「思うてここに至ると、実に淋しい気がする」——この極端に矛盾した二つの面を甘粕の体の中で調和してくれるのは、酒であった。飲めば飲むほど気持ちが荒んだ。ある時は、食器で埋まった大きなチャブ台を全身の力で裏返す。そこへビールを何本も流し込む。その上に芸者たちの履物を持ってこさせ、プカプカと舟のように浮かすのだった。さらにはそのチャブ台を、ビールを充たしたまま元のようにひっくり返した。座敷中は、ビールの海となる……。甘粕は自己の内なるデモーニッシュな力に衝き動かされて、狂気乱心のふるまいに身をまかせていた。

それは、甘粕の凄絶な孤独地獄であった。

甘粕の最期

満州の地でも甘粕には、〝主義者殺し〟〝子殺し〟の名はついてまわった。甘粕は生前、一度だけこのことについて語っている。それは親しかった満州国国立中央博物館の副館長を務めている藤山一雄に対してである。藤山が料亭で、子殺しの物語「寺子屋」を浄瑠璃語りしていると、甘粕は涙を流していた。そして「藤山さん、あれは私ではないよ」と呟いたという。だが〝あれ〟が宗一殺しだけを意味するものか、事件全体を指すものかは、永遠の謎として残された。

日本が作り上げた満州国にも、滅亡の日が近づいてきた。一九四五年（昭和二〇年）八月九日、ソ連軍が国境を越えて満州への侵入を開始したのだ。一三日、甘粕は「関東軍は新京（満州国の首都、現在の長春）を捨てました」と市会で発言している。関東軍は在留日本人の保護には、人員をほとんど割かなかった。日本の敗戦が決まった翌日の一六日の午後、甘粕は満映の日本人職員約千人を講堂に集めて、「私は死にます」と告げた。

「私は軍人の出ですから、武士らしく日本刀で切腹すべきですが、不忠不尽の者ですからそういう死に値しないのです。他の方法によって死にます。人間は弱いものですから、あるいは死の決意がにぶるかもしれません。しかし私はこうして皆さんに話したからには、必ず死にます」

そして甘粕はこう続けた。

「皆さんの中には前途春秋に富む方が多いのですから、自重自愛して、長く祖国再建のために働いてください。ここにはまだ、婦人、子供が残っています。皆さんの力で、この人たちが無事日本に帰れるよう、くれぐれも頼みます。長い間おせわになりました。心からお礼申します」

甘粕は前もって関東軍と交渉して、満映社員とその家族が新京を脱出する列車を確保していた。また満州興業銀行にかけあって、満映社員の退職金分の現金を用意していた。

二〇日の朝、甘粕は秘書の伊藤すま子に茶を運ばせた。甘粕の自殺を止めようと監視している三人は控えの間にいた。茶を飲み終えたら甘粕が朝の散歩に出るだろう、と待っていた瞬間を甘粕は捉えた。隠し持っていた青酸カリを彼は飲んだのだ。甘粕は自身の内臓を薬物で焼いたのである。

ドサッという大きな音で、その時偶然控えの間に入った映画監督の内田吐夢（うちだとむ）が、理事長室に飛び込んだ。甘粕はうつ伏せになって倒れていた。「水だ、水、水を持ってこい！」という内田の声で、すま子は薬缶に水を入れて駆けつけた。甘粕の口からはブクブクと泡が出続けていた。すま子は甘粕の手に触れた。それはまるで冬の日の鉄棒に触れたように、冷たかった。

理事長室の黒板には、甘粕の手でこう書かれていた。

「大ばくち　身ぐるみぬいで　すってんてん」

大日本帝国という「国家」が、軍事力を使って強引に作り上げた満州国――それを甘粕は、大ばくちという言葉で表したのだろうか。

私には、甘粕正彦が目指した「国家」というものは、色褪(あ)せたものにしか見えない。野枝や大杉が目指した「国家」ではない、人びとが平等で助け合おうとする社会こそが、光を放っているような気がしてならないのだ。

(2) 辻まこと

父・辻潤

辻まことの本名は、辻一である。本人はそう書き、そう書かれることを好んでいた。だが一でマコトと読ませるには無理があるので、彼は「辻まこと」と書かれることを自他に許していた。母はいうまでもなく、伊藤野枝である。まことと野枝の印象的な写真が、『定本　伊藤野枝全集』の二巻にある。まことはまだ三歳になるかならないかという時である。しかし、じっとカメラを見すえるまことには、すでに野枝を守ろうという構えが見える。その顔、その目、おそらくは母に起きている全てを、感じ取っているかのようだ。まもなく、野枝は家を出る。その時に幼いまことはどう思ったのだろうか。

野枝に去られた父・辻潤は、まことと母美津を妹の恒（つね）の家に預け、自身は放浪の旅に出る。その中で書いたのが「ふもれすく」という文章である。

> 僕は野枝さんという。なぜなら、僕の親愛なるまこと君が彼女――即ちまこと君の母である伊藤野枝君を常にそう呼んでいるからなのだ。（中略）
>
> 僕は野枝さんが好きだった。野枝さんの生んだまこと君はさらに野枝さんよりも好きである。野枝さんにどんな欠点があろうと、彼女の本質を僕は愛していた。

そして関東大震災の時を迎える。辻潤は大阪の道頓堀を、夕方一人で歩いている時に、九月二〇日のその号外を目にした。「野枝が大杉栄とその甥の宗一少年とともに、甘粕大尉ら五名によって扼殺された」とあった。呆然としていた辻潤であったが、その後すぐに思い浮かんだのは、妹のところに預けてあるまことのことであった。まことは一〇歳になっていた。

この後、しだいに辻潤は生活が荒れだした。当時つきあっていた小島清（きよ）はこう語っている――「潤平さん（助平にもじっている）は、野枝さんに裏切られて、女というものを信用していなかったから、女と見れば手を出した。」ある時には、出かけ先の戸障子に火をつけて警察に訴えられた。カフェへ遊びにいって、酔っていたからか、相手の女給のサイフから金を抜き取ってきたこともあった。

だが辻潤の文才を惜しむ者たちは、「辻潤後援会」を作って彼を支えようとした。そして、一九二八年（昭和三年）、辻潤は読売新聞のパリ特置員として渡欧することとなった。また静岡の父の友人のもとから、静岡工業学校に通っていた一五歳のまことも、中退して同行することとなった。まことには絵描きになりたいという希望があった。

まことはパリの街中を自転車で走りまわった。そしてルーブル美術館ではドラクロアに衝撃を受けたりする。だが、父辻潤は宿で日本から持っていった『大菩薩峠』を毎日読み耽る日々を送っていた。食事は息子のまことが、アルコールランプで米を炊いてくれた。ミソが食べたいといえば、まことがパン屑をビンにつめ、何やらミソらしきものを造ってくれた。

辻潤、天狗になる

一九二九年（昭和四年）、二人はシベリヤ鉄道で帰国した。まことは法政工業学校（夜間部）の二年に入学した。そして昼間は「子供の科学社」で働いた。働かない父を養わなければならなかったのだ。この頃、辻潤は『絶望の書』を出している。その中に、プロレタリア作家の宮嶋資夫の出家と、詩人の生田春月の自殺について書いた文章がある。彼はこう記している。

宮嶋君も思い切って坊主になった。春月君も思い切って自決した。悲愴だ、ヒロイックだ――二人とも僕なんかとうてい及びもつかない熱情を持っている。

辻潤はこの二人を賞賛しているが、自身については深い劣等感に陥っている。

一九三二年（昭和七年）になると、辻潤は街頭を大声で叫び歩くようになった。何を怒鳴っているのかハッキリしないが、とにかく酒が入ると以前のような正常人の奇行ではない奇行が目立ち始めた。そして三月の末、彼は二階の窓から突然飛び降りたのだ。「とうとう天狗になったぞ、天狗に、羽が生えてきだしたぞ……」と叫んで、経文を唱えながらパッと飛び降りたという。さいわい足と手や顔にかすり傷があるくらいだったが、辻潤は青山病院へ収容された。この後数年にわたって、彼は放浪生活を続けながら何度も精神病院へ収容されている。

翌一九三三年（昭和八年）には、名古屋放浪中に警察に保護され、東山脳病院に連れ込まれている。この時は、二〇歳になっていたまことが引き取りに行った。父親の辻潤はこういったという。「自分の気持ちに素直に生きたらそれでいい。誠実に生きよう。親である自分より、おまえ自身を大切にしていい」――時々狂う父に手を焼いているまことだったが、この言葉には参ったと感想を漏らしている。

辻潤の最後の恋人となった松尾季子（とし）は、彼の文章を読んだ時の気持ちをこう記している。「どうあがいても助からぬ地獄の底から助けを求めている声をきいたように感じました」

そして人間の心の深奥を正直に引き出してみせる辻潤の文章には、魅かれる人もあるのだ、と語っている。だが季子は体を壊し、郷里の九州へと帰ってしまう。

この季子に辻潤は、一九四四年（昭和一九年）四月に手紙を書いている。

僕が人から異常に気狂いじみてみえる時は、この世ならぬ世界との交通で、これは幻覚とかなんとかいう言葉で片づけられているが、普通のコトバでは表現出来ないからコマルが、なんとかして、それをシンボリカルに書いてみたいと考えている。

だがそれから半年後の一一月、辻潤は上落合のアパートで亡くなっているのが発見された。死因は餓死であった——辻潤は自分だけの重量で自己を消滅させたのだ。

中国に出征中であったまことはまもなく帰国した。まことは父親について、こう語っている——彼辻潤は短い人生の長かった闘争の最後に狂気によって救済された。

母・野枝

辻まことは長い間、大震災の折に殺されていたのは、自分だったのかもしれないと感じていた。というのは、野枝は辻の家を出た後もたびたびまことの顔を見に、辻が放浪中の家を訪れているのだ。建前は母親の美津から以前教えてもらっていた三味線の練習といってはいたが、まことの顔が見たいからだということは、美津にもよくわかっていた。野枝は辻の家を出た後、大杉に宛てた手紙の中で、まことのことを考えると気が狂いそうだと書き記している。

今まで、あんな、これ以上の貧しさはないようなみじめな生活に四年も五年もかじりついていたのだって、みんなあの子のためだったのですもの。そしてそのみじめな中から自分だけぬけて、子供をその中に置いてきたのですもの。こんな無慈悲な母親があるでしょうか。

数年がたつと、まことは夏休みに大杉と野枝の家で過ごすようになっていた。子ども好きな大杉は、まことのことをたいそう可愛がってくれた。またまことも「大杉ヤのおじちゃん」といってよくなついていた。もし地震が八月にあったならば、野枝と共に殺されていたのは宗一ではなくまことであっただろう。

野枝は一時、ミシンに凝っていたことがあった。異父妹で、「第一のエマ」であった幸子にまことはこう語っている。

おふくろときたら、シンガーミシンを買って、ハイカラな洋服を縫っては、子供たちに着せるんだ。ピラピラなんかついたのを、むりやり着せられて。なんでも新しがりやで、挑戦するのはいいけど、子供心にも迷惑だったよ。あの人のことだ、今まで生きていたら、選挙なんかに打って出て、おれたちみんなトラックに乗せられてるに違いない。

生まれてまもなく里子に出され、後に乞われて若松家の養子となっていた弟の流二にも、野枝は絹の祝い着などを送っていた。しかしまことと違い、母の体感すらなかった流二は、「ああした型(タイプ)の女性は嫌いだ」と語っている。なお流二は小学二年の時に、養父の計らいで辻潤とまことに会っていた。その後も交流は続き、一時まことの会社で図案やコピーライターの仕事を手伝っていた。

まことは「むりやり着せられ」とはいっているが、それは一種の照れ隠しで、母の愛情を感じ取り追慕している気持ちの表れであろう。またまことは、野枝の書いた文章は随分熱心に読んでいる。

黒目がちの野枝とまことの顔立ちは、そっくりである。永遠の女性として、野枝の姿はまことの心に深く刻まれていた。

イヴォンヌとの出会い

まことはパリにいる時に、一人の少女と出会っている。父の友人である武林無想庵（たけばやしむそうあん）の娘である。そして娘の母親は、後に交際のあった男性に、ピストルで撃たれるという宮田文子（ふみこ）である。少女はパリで生まれたので、イヴォンヌと名づけられていた。

「パパ公がお世話になっています」——八歳のイヴォンヌは、奇妙なアクセントの日本語でそういって、ペコリと頭を下げた。一五歳のまことには、イヴォンヌの奇妙に大人びたしぐさと寂しげな表情が強く印象に残った。強烈な個性の親を持った、幸せに縁の薄い少年と少女であった。

まことは二〇歳で、広告会社「オリオン社」に入社し絵描きの仕事を始めた。この時、法政工業学校は中退している。ここで竹久夢二の息子・竹久不二彦（ふじひこ）と知り合う。不二彦らと登山を始めるが、精神に異常をきたす父から逃れるように、山での生活に浸っている。

一九三七年（昭和一二年）の秋、まことはイヴォンヌがパリで自殺未遂を起こしたことを知る。まもなくイヴォンヌは父親に付き添われて帰国する。あと一ヶ月足らずで一九歳になるイヴォンヌは、豪華なコートの上にミンクの襟巻をはおり、手に大きなフランス人形というでたちで東京駅に降り立った。イヴォンヌは見事に美しい女性となっていた。

このイヴォンヌとまことは、やがて同棲し結婚をする。一九四〇年（昭和一五年）、生まれた女児にまことは、母の名前である「野枝」と名づけようとした。だがこの時、来合せていたイヴォンヌの祖母が、「ああいう死に方をした人の名前は如何か」と反対したのだ。結局、一字だけは残して「野生」と名づけられた。しかしこの野生は、子育てに自信がないという妻の気持ちから、竹久不二彦の養女となり家から去っていった。イヴォンヌは以前にも最初の子どもを、過失から窒息死させていたのだった。

イヴォンヌとまことの生活はしだいに、神経戦の様相を帯びてきた。彼女の帰宅は目に見えて遅くなり、毎晩のように酒気を帯びて帰ってくるようになった。また、まわりの者の口からは、イヴォンヌに複数の男友達がいるという噂も耳に入ってきた。まことは荒れる妻のそばで、静かにデッサンを続けていた。

一九四一年（昭和一六年）一二月八日、太平洋戦争が勃発した。まことは母が殺された歳と同じ二八歳になっていた。まことは一度日本を離れて、イヴォンヌとの生活について冷静に考えてみたいという気持ちになっていた。そんな時に、東亜日報特派員として天津に渡らないかという話がきた。まことは天津に渡り、数ヶ月後イヴォンヌも中国にやってきた。そして中国でイヴォンヌは女児を産んだ。「維生（いぶ）」と名づけた。

皇軍の愚かさ

一九四三年（昭和一八年）、まことは陸軍に徴用され、報道班員として従軍する。日本軍政下の「天津特別市」で目撃したものを、まことは「写生帖」として記している。

奇妙な形のマキのように見えた荷は、ほとんど裸体になっている屍体だった。山のように積まれた屍体の上に立って、二人の男が車の上から屍体の手足をもってはずみをつけて土手の上に投げると、屍体は硬直したまま土手を転がっていく、それを下の男が舟底にまた投込む。そういった作業が眼の前でいつまでも続いていた。

年齢のほどもわからなかったが、その男は死んではいなかった。落窪んだ眼窩の奥で目ぶたが動くのを私は見た。深い吐息がもれた。私は驚いて片言の中国語で人足に声をかけた。

――（おい、この人はまだ死んでいないぞ）

人足は手を止めて私を見た。どうやら私のいったことは解ったらしかった。それからニヤリとしていった。

――一定死了（イーティンスーラ）（死んだも同じだ）

それっきり誰も注意することなく、その魂は屍体へ数えこまれていった。黒っぽい油紙の包みをしっかりと胸にかかえた女の屍体があった。人足の一人がその包みを引きはがした。その紙に包まれていたのは裸の嬰児の屍体だった。

まことの体中の血が逆流してきた。それは大日本帝国に反逆する野枝の血であった。この後、まことは国家や正義といった「観念」には支配されない人間となっていく。

一九四五年（昭和二〇年）、年のはじめに父の死の後始末のため一時帰国し、再び天津に戻る。天津で現地徴集を受け、陸軍に入隊して戦闘に従事。終戦後、在支米軍に拘留され、一九四七年（昭和二二年）に帰国することとなった。

転機

大陸から帰っても、イヴォンヌとの生活は冷えきったままだった。そんな時に、まことは一人の女性と知り合う。奥鬼怒手白沢（おくきぬてしろさわ）で出会った松本良子である。エキセントリックなイヴォンヌと違い、健康的で明るく優しい女性だった。その頃、イヴォンヌの母親宮田文子が現れ、生活力の乏しいまことと別れるように娘に迫った。結局、イヴォンヌとは別れることとなり、彼女は母親のいるベルギーへと渡っていった。中国で生まれた維生（いぶ）は、まことの妹幸子の養女となった。

父は死んだ。イヴォンヌはベルギーへ去った——過去と決別したまことは、松本良子と結ばれ旺盛に活動をしていく。

一九四八（昭和二三年）、まことは草野心平を中心とした詩誌『歴程』の同人となる。以後、カット、短文、風刺画文を生涯にわたって発表していく。また翌年には、『図書新聞』に挿絵、風刺画文を寄稿し、これも生涯にわたって続けた。そして再び、山登りを始める。まもなく、山の雑誌『アルプ』や『岳人』にも、山に関する画文を多く寄稿していく。

その中に「山上の景観」という文章がある。中学生の頃に登った甲斐駒ケ岳での体験を、振り返り改めて書いたものである。

> 私の視野、私の目玉は、それまでこんな拡がりを容れたことはなかった。私は無限とか永遠といった言葉が見えるものだとは想像できなかったとそのときおもったのだ。（中略）
>
> 東の空がスミレ色に変わってきた。脚下一面暗い雲海がだんだんわかってきた。空は刻々と微妙に変化し、スミレ色の上空に、とてもこの世では二度と見られまいとおもうような透明な薄いセルリアンブルーが現れた。じっと眺めていると、それはだんだんコバルトに染まっていく。遠い東天にかかっていた三筋ほどの棚雲のふちが淡い緑から急速調で濃いオレンジに変化したとおもっているうちに、一筋の黄金色のハープの弦が天心に矢になって走った。強いトランペットが耳元で鳴ったかとおもった。私はいっぺんに眠気が飛び去って、この世界誕生の序曲の前に緊張して屹立した。

まことは辻潤から影響を受けた〈否定的な立場〉を突き抜けて、世界を大きく〈肯定〉して立っていた。

爽やかな風

辻まことは詩文家であるとともに、生まれながらの画才に恵まれていた。日に五、六里の山道を二往復できる体力を持ち、山スキーの達人であった。また、ほれぼれするようなギターの名手であり、爽やかな人柄と巧みな話術で人びとをなごませた。いつも自分で話しておいて、最後には大きな声で朗らかに笑っていた。

後に「歴程賞」を受賞する風刺画文集『虫類図譜』では、人を縛りつけている観念的な言葉を「虫」と表し、毒を含んだ文明批評をおこなっている。右頁にはそれぞれの観念（虫）の生態が短い言葉で書かれ、左の対頁（つい）にはシュールレアリスムな線画でそれぞれの虫の動きが描き出されている。「愛国心」という虫はこうだ。

悪質きわまる虫。文化水準の低い国ほど、この虫の罹患者が多いという説があるが、潜伏期の長いものなので、発作が見られないと、罹患の事実は解らない。心臓に発するというのも、解剖学的に証明されたわけではないからなんともいえない。過去にこの島では九十九％がこの発作による譫忘症（せんぼう）を呈したことがある。死ぬまで治らぬ後遺症があるから、現在、この島の住人は、その健康を信ずることができない。

このように多才なまことであったが、彼は生涯、定職を持たなかった。ある雑誌に記しているように「なんとなく画描きに近い職業で暮らして」いたが、まことは挿絵画家にも、漫画家にも、商業デザイナーにも、プロ・スキーヤーにもなろうとしなかった。画家にも、ジャーナリストにも、物書きにも、詩人にすらなろうとしなかった。晩年には「そういえば僕は一生内職しかしたことがないな」と洩らしている。

まことにとって大切なのは、「画家」になることではなかった。彼にとって大切なのは、〈自由に生きること〉〈自由に物を見ること〉であった。絵画はそのための手段であったのだ。これは野枝も目指したものであった。野枝とまことは同じ方向を向いていたのだ。

まことは、彼独自の表現方法で〈自由〉を目指したのだ。

静かな暮らし

妻の良子は、まことのことをこう記している。

静かな目で自然を見、親切な目で人を見て、すべてのことを大切にして来た人のように思います。

そして一九五四年（昭和二九年）、良子は女児を生んだ。直生と名づけられた。この直生は、まことの『山からの絵本』の中の「夏の湖」に登場する。

五年まえ突然わが家へはだかでやってきて、以来何十年でも居候をしてやろうといった顔つきで、ずうずうしくも住みこんでいる若い女性が、こういうのだ。

——父親、あなたは画描きさんでしょう。なぜ山へいくときに画を描く道具をもっていかないの？

——お答えしますがね、この父親は、もしかしたら本当は画描きさんじゃないかも知れないんですよ。それに山へいくと画なんか描きたくなくなるんですよ。だけど景色はいくつもおぼえているから、描こうとおもえば、描けますよ。

まことは、妻と娘の三人でしばしば山に出かけた。幸せな一家であった。また後に直生はこう語っている。

父は私のことを、ノエにそっくりだって、しょっちゅう言ってた。多分、まことさんはノエさんを嫌いじゃなかったと思います。だって、嫌いだったら色々と彼女のお話なんて私にしてくれないでしょ。

一九六八年（昭和四三年）とその翌年、まことは二度の個展を開いている。色々な表現法をとっていたが、淡い色彩の心和む絵が多かった。

山では、上流にいる岩魚を釣ることを好み沢を探しながら歩くので、頂上を極めるような山歩きはあまりしなかった。景色と地形を楽しみ、山そのものを楽しみながら進むので、出かけるたびに話が生まれた。山で出合った動物のこと、人のこと、まことは人にも動物にも上からの目線を向けないので、相手がそれを知って反応する。その反応がまことの感性によって書かれた。まことの山の随筆の面白さはそこにあった。

すぎゆくアダモ

一九七二年（昭和四七年）、まことは突然吐血した。足元の畳に血だまりができたほどの大量吐血である。胃がんであった。全摘の手術を受けたが、肝硬変も患っていることがわかり、半年もの入院となった。その後の数度の入院にもかかわらず、からだが元に戻ることはなかった。一九七五年（昭和五〇年）になると、強靭でしたたかな意志の支えにも限界がやってきた。ついに体重も四〇キロを割って、食物もろくに喉を通らなくなった。激痛がまことを襲っていた。

まことは絶筆となった「すぎゆくアダモ」を書いている。一二枚の精密なペン画に、カヤックで川をさかのぼる少年の話がついている。アダモとは、まことの分身であった。

アダモは大きな滝の下までいった。カヤックはもともと布張りの軽い舟だが、それにしても背負って激流を登るアダモにそんな力があるとは見たものでなければ信じられなかったろう。そして見たものは誰もいなかった。釣舟屋の老人はアダモを鮭だといったが、本当に鮭のようだった。鮭の力が鮭を押上げるのではなく、どこからかくる力が鮭の形をしているように、アダモは、遠くから自分を過ぎて行く力に連れられていく、自分の形を感じていた。

アダモは、変幻する静寂の森の中の狭い水路を進んでいく。そして最後に、

いまこの黒い島は何かの理由で私を引留めているが、すぐにまたここからも出発しなければなるまい。雨と一緒に大きな白い鳥の翼が、こんどは私のカヤックになるにちがいない——とおもった。激しい雨が降り続き、やがて止んだ。アダモは過ぎていった。

ここまで書いてまことはペンをおいた。

一二月一九日、まことは自らの命を絶つ。縊死であった。鴨居にかけた紐が、まことの頸動脈を絞め続けた時、まことの意識は、あの野枝の最期の意識と交差した。

まことの意識の声は、こう叫んだ——「お母さん」

（3）伊藤ルイ

魔子（長女）

野枝を実の娘のように感じていた代準介らは、一九二三年（大正一二年）一〇月五日、四人の遺児をつれて今宿に戻った。子どもたちは伊藤家に入籍され、六歳の魔子は「真子」、二歳のエマは「笑子」、一歳のルイズは「留意子」、生後二ヶ月のネストルは大杉の名をとって「栄」と改名された。魔子は代家で預かり、エマ、ルイズ、ネストルは今宿の亀吉とムメのもとで育てられた。だが、ネストルは生まれつき体が弱く、翌年の八月一五日に両親の後を追っている。

魔子は日本中のアナキストや社会主義者たちのアイドルであり、希望の星であった。魔子は九歳の時に、横浜の大杉勇方に引き取られている。これには大杉の同志たちが魔子を取り戻したいという願いが背景にあったという。大杉の同志たちの拠点である労働運動社に魔子が出入りしていたことをうかがわせる文章を、作家の村上信彦が書いている。

私は友人の藤本・平松と三人で駒込の労働運動社を訪ねたのだが、格子戸をあけて、ごめんください、と声をかけると、奥から走り出てきたのはオカッパ髪の可愛い少女であった。彼女は立ちどまって、一杯に開いた大きな目で三人をぐるっと見まわし、ものも言わずにまた奥に駆けこんだ。

労働運動社では、しばしば「マコの会」が開かれたという。その後魔子は、横浜紅蘭女学院に進む。魔子は自分の名前にも、そして両親の生き方にも誇りを持っていた。だが何かと不便なので普段は真子と名のっていた。卒業後、魔子は日仏同志会に二年間勤めている。そして亀吉が亡くなった後、妹たちとともに暮らそうと今宿に帰り、九州日報社に勤めた。魔子の都会じこみの装いと言動は、今宿はおろか博多の町でさえ目立っていた。やがて魔子は新聞記者である神康生と結婚して、一男三女をもうけた。新婚当時の心境を魔子はこう書いている。

〝吹けよ、荒れよ〟の母の子が静かなる心の生活そのものが、はたしてできるのかと人に言われるくらい、平和な、むしろ平凡なといいましょうか、あなたから受け継いだ負けん気も、野心も何もかもうち捨ててひたすら、舅、姑のよき嫁であり、夫に対してよりよき妻でありたいと、つとめている私です。母さん、私はこのごろになって、あなたがどうしてもいなくてはならない人であったことを知りました。

だが一九四九年（昭和二四年）三二歳の時に、魔子は出奔する。子どもを捨て、青木比露志と同棲を始めたのだ。青木は副島人形店の職人だった。新聞はセンセーショナルに書き立てた。「模倣の人生はいや〝運命の子〟魔子さん家出」という見出しである。本文には「無政府主義者大杉栄を父に持つ運命の子、魔子さんが、愛情のない家庭生活をこのほど清算、真実一路の道を女ひとり、ぐんぐん突き進んでいる。封建的で弱い性格の夫と、父そのまま情熱の火を胸底深くたたえた多感な妻との性格の相違」とあった。また「やっぱり、母親の血は争われんばい」という、噂も流れたりした。

しかし後に取材の中で、魔子はこう語っている――「今の夫は博多人形を作る人で、反権力の思想で同志的に結ばれていています」

青木の父親もアナキストであった。彼は幼い頃から、父が官憲に逮捕されたり尾行がついたりするのを、日常的に見て育った。父は彼が一三歳の時に病没したが、彼には官憲の弾圧で父が生命を縮めたのだという怨みが残った。青木が魔子に出会った時、魔子の心の内側が透けて見えるような気がした。そしてまた魔子も、青木のことを同類だと感じて、やっと心の扉を開いてくれる人に出会ったと感じていた。青木との再婚を通じて、魔子は大杉と野枝の志に近づこうとしたのかもしれない。

その後、魔子は一男一女をもうけている。青木は土産物用の博多人形を作る工房を興したが、生活に追われる日々が続いていた。極貧を抜け出した後も、意志に反して魔子の心は解放されなかった。そして魔子はいくどか自殺を試みている。彼女の内面には、外側からはうかがいしれない、どうしようもない暗闇があった。

一九六八年(昭和四三年)、魔子は五一歳で急逝する。(心筋梗塞であった。翌日が娘の運動会で、夕方近所の八百屋に弁当のための買い物に行った彼女は、家の近くまで帰ってきて発作に襲われ、路地に倒れていたという。通りかかった近くの者が見つけて、病院に運ばれたが助からなかった。

妹たちが駆けつけた時には、魔子はもう遺体となって自宅に戻っていた。四女のルイはこう語っている。

大杉と野枝の娘として一番よく世間に知られた魔子は、一番その重圧に押しつぶされたのであったかもしれない。魔子が楯となることで、その陰にいる自分たちはよほど庇われてきたのかもしれないと思うと、もはや取り返しのつかない悔いが迫ってくる。

幸子（次女）

野枝が心酔していたエマ・ゴールドマンにちなんで次女は、はじめてエマと名づけられた。だが生後八ヶ月で、子どもに恵まれなかった大杉の妹、牧野田松枝の養女となり天津に渡り、幸子と改名されている。その時の様子を松枝が語っている。

幸子が貰われて行くとき、国府津まで送ってきた野枝が、駅のホームでワーワーと大声をあげて泣いて恥ずかしかった。

やはり野枝は、子どもを養子に出す時、身を切られるような辛さを堪えていたのだ。幸子が天津に渡ったのはものごころがつく前だったので、牧野田家の一人娘として何の疑いも抱かず、伸び伸びと大らかに育った。小学校四年の夏、一度日本に帰ってきた幸子は、従妹の魔子と初めて会った。「私、従妹の幸子よ」といばって、魔子と鏡の前で顔を寄せて「私たち似てるわね」とむじゃきにいった。だがその時、魔子は本当の姉妹であることは告げないように口止めされていたのだった。幸子は日本を離れ「主義者の子」と見られなかったために、他の姉妹がなめた辛酸を免れることができたのだ。

一九三二年（昭和七年）に、幸子は帰国して叔父の家から静岡英和女学院に通った。この時、『伊藤野枝全集』に自分の顔写真があるのを見て、はじめて大杉と野枝の子であることを知った。最初の衝撃が過ぎた後、幸子は「いっぺんに五人の兄弟ができ、とっても嬉しかった」と語っている。

女学校の四年の終わりの春休み、幸子はまこととはじめて会っている。まことと流二が駅まで迎えにきてくれた。まことのことを、こう幸子は語っている。

やさしい人だった。まことと兄さんは笑い方がね、人をうれしくさせる笑い方なの。ペシミスティックで、人間嫌いのところもあったけど、話がおもしろくて何だか不思議な魅力があるの。

幸子は一九四四年（昭和一九年）に、彫刻家の菅沼五郎と結婚した。そして池袋の近くにあった芸術家村パルテノンで暮らした。大家が貧しい絵描きのためにアトリエ付きの家を作ったものだった。第一、第二、第三パルテノンまであった。どの家も、アトリエのほか、生活部分は四畳半しかないのに、いつも居候が二、三人はいた。寝る時はコタツをまん中にして放射状に寝ていた。まこともやってきて、毎日お酒を呑んで騒いでいた。後に、まことがイヴォンヌと別れた時に、娘の維生を引き取ることとなる。幸子も菅沼五郎も、人を受け入れ、一緒に暮らしていける大きな人であった。

しばらくして海岸近くの鵠沼(くげぬま)で暮らすことになるが、東京近辺に住むただ一人の遺児だったので、大杉や野枝の関係者に招かれ、人びとをつなぐシンボルのような存在となった。一九九二年（平成四年）、大杉、野枝と共に殺された橘宗一の墓前祭が名古屋でおこなわれた。この時には、妹の笑子、ルイと一緒に三人で参加している。

幸子の息子の四文(しもん)はこう語る——「うちの親父はかなり自由に生きてた部類じゃないかな。お袋ねえ、お袋も自由ですね」

そして祖母の野枝については、こう語っている——「エラク生意気な女だなあ、と思って著作を読むのはやめちゃった。でもいろんな人の話を照合してみるとやっぱり自由人ですね。お上の干渉は受けたくないっていう」

大陸で育った幸子には、野枝の自由を求める血が、脈々とそして確かに流れていたのだった。

笑子（三女）

エマの名を再び名づけられた三女は、笑子と改名された。笑子は糸島高等女学校では首席、総代を務めている。妹の留意子とは対照的で内向的な性格だった。「わたしらは、ようできて当たり前といわれるだけよ。反対に成績が悪うなったら、何をいわれるかわからんちゃら」と、笑子は妹に語っている。

女学校一年の時に、「アララギ」同人の教師と出会い、短歌への道を開かれる。だが、結婚して野澤笑子となり、三人の娘の母となって短歌とは遠ざかっていた。やがて家庭の事情で、外に出て働こうとする。その時、叔父の関係で三菱下関造船所の労働組合の専従事務員となる。そして書記となった頃、短歌サークルの「まひる野」の会員の勧めで、再び作歌を始めた。そして一九八八年（昭和六三年）歌集『天衣（てんね）』を出版している。

笑子は短歌について、こう書いている――「私は短歌とは訴えであるべきだと、常に自分に言い聞かせてきました。自らを追及し、自己を淘汰する手段として短歌はあるべきで、到達点のない生涯の努力目標であると思うようになりました」

戦後、新しく組合ができてまもない頃から、やがて第二組合ができて分裂、崩壊するまでの時期を組合書記として過ごした。笑子の歌から、いくつかを見てみよう。

胸ぬちをたぎるものあり街路樹に映ゆるものあり　プラカード「三池を救へ」

影ふかく広場の柳のびゐたり　安保反対に集ふいくたび

明るさのかへる日もあれ分裂の　過程つぶさに記録しおかむ

ジグザグのデモを窓より見下ろしつ　遠き痛みの甦り来る

苦き日々凌ぎたりしよわがための　労働歌いまも胸ふかく保(も)つ

一九九七年（平成九年）、妹のルイを主題とした映画『ルイズその旅立ち』が製作された。だが、その時に笑子はインタビューを断っている。彼女の言葉である——「両親の関係で、世間に顔を出すことはしないと固く決意している」

短歌を通じ、自己を淘汰する努力を続けた彼女にとっても、幼い頃からの世間の冷たい視線に耐えた傷跡は、それほどまでに深かったのであろう。

伊藤ルイ（四女）

野枝と大杉の共著『二人の革命家』の序に、四女の誕生のことが記されている。銃を取って起ちまた動物にも優しかった、無政府主義者ルイズ・ミシェルの名を取り、彼女はルイズと名づけられた。今宿の祖父母により留意子と改名されたが、彼女は後に自ら「伊藤ルイ」と名乗る時期を迎えることになる。

ルイは母の野枝と同じ今宿尋常小学校に入学する。姉の笑子もすでに通っていたが、入学式ではひどく怯えていた。校長先生の口から、いつテンノーヘイカの言葉が出るか、怖れていたのだった。

「おまえのとうちゃんかあちゃんは、テンノーヘイカに弓ば引いて、つかまえられて殺されたっちゃろうが」

これまでも、いく十度その言葉を投げつけられただろうか。一つ年上の笑子も同じ経験をしているはずだったが、二人はそのことを口に出すことさえ避けていた。祖母のムメは、「笑ちゃんも留意ちゃんも、よっぽどしゃんとせないかんばい。そうせな、じいちゃんもばあちゃんもいつ死ぬか、わからんちゃけんね」と何度も繰り返していた。

伊藤の家は海岸に面していたが、街道までの間には豆腐屋があった。その豆腐屋は取り壊され、警察の駐在所が移転してくることになった。亀吉は「うちと駐在所が一直線になって、刑事やら巡査やらが喜んどろうたい」と吐き捨てるようにいった。ルイは大人になってからも、四人の巡査の名を忘れることはできなかった。

尋常小学校の二年の時、芳子という少女が転校してきた。村の子らは、よそからきた者になかなか馴染まない。そんな中、ルイは一番に「わたしがお友だちになってあげる」と声をかけた。後年、芳子はこう語っている。「ルイちゃんは、色の浅黒い、目のパッチリした子。とても声のいい子で、ルイちゃんは、私歌うたげるとすぐ歌うの。」芳子とルイは小学校から女学校まで通しての親友となる。だが芳子の父はこういった――「伊藤の子と遊んじゃならん！　家を追い出すゾ」

大杉と野枝の墓が今宿の松林に建てられたのは、虐殺の翌年一九二四年（大正一三年）のことであった。亀吉が上の原山から巨大な自然石を運んできて、どっしりと据えた。ただし、石には一字も刻まずに無名の碑とした。そこまで世間を憚（はばか）らねばならなかったのだ。（現在では山の中腹に置かれている）。ムメが墓掃除によく通うので、笑子もルイもついていっていた。

ある日、ルイが一人で来てみると、老婆が墓の前に屈んで手を合わせていた。家にも来たことのある行商のお婆さんだった。そのお婆さんはルイの頭をなでながらこういった。

「お嬢ちゃん、大きうなられましたね。あなたのお父さんやお母さんが、今まで生きておられたなら、私たちの暮らしも、もうちっとは良くなったと思います」

この時ルイははじめて、自分の両親がどのように生きてきたかが、身にしみてわかった。

ルイの結婚

糸島高等女学校を出た後、ルイは一七歳で陸軍の軍曹である王丸和吉と知り合い結婚する。だが結婚に際しては、王丸の家から「伊藤の娘とだけは結婚してくれるな」と反対された。王丸は勘当された形となり、挙式もない結婚であった。やがて二男二女に恵まれる。

一九四五年（昭和二〇年）八月一五日、玉音放送をルイは王丸と共に自宅のラジオで聞いた。雑音が激しくてほとんど言葉は聴きとれなかったが、「これで戦争が終わったのではないか」とルイは夫にいった。やがて、米軍が博多湾に上陸するという噂が流れはじめた。女、子どもの避難が始まる。だが三番目の子の出産をまぢかに控えていたルイは、避難する気にはなれなかった。いくら米軍でも、妊婦に乱暴はしないだろうと思えたのだ。すると王丸は激しい口調で「おまえは戦争というものを知らんから、呑気なことをいう。戦争というものは、人間を鬼にしてしまうもんだ」といった。あまりにも強い語気に驚いたルイが問い詰めると、王丸は長い沈黙の後、語りだした。

おれは……中国でスパイを始末したことがある。隊長命令やけん、しようがなかった。中年の中国人やった……助けてくれ助けてくれいうて拝むとを、もういいからあっちへ行けっていうと、よろこんで逃げかかったたい。それをうしろから撃った。瞬間的に振り向いて、おれはぐっとにらんだが、あのときの形相はいまでも思い出すことがあるほどだ――戦争とは、そげなもんたい。

王丸の言葉にルイは衝撃を受けた。軍人でしかも戦功も立てている夫が、人を殺しているのは当然のはずなのに、そのことを想像もしなかった自分を、振り返らざるをえなかった。

戦後

王丸は九州配電に勤めるようになっていたが、毎日酒を飲み荒れていた。敗戦が思いがけないほどの衝撃であったのだ。

一九四六年（昭和二一年）今宿の家にずっと送金をしてくれていた近藤憲二らが、日本アナキスト連盟を結成した。そして三度目となる『平民新聞』を発行した。その年の暮れ、ルイはバス停で少年と少女が新聞を売っているのに出くわした。胸にさげている箱に『平民新聞』の文字を見た瞬間、ルイははっと立ちすくんだ。そして少女が後ろを向いた時、背にかけてあるプラカードの文字に驚いた。

《クロポトキン著、大杉栄訳『青年に訴う』定価二円》とあったのだ。

戦時中を逼塞して生きてきたアナキストたちが、再び活動を始めたのだ。そして完全に抹消されていた大杉栄・伊藤野枝の名前に光があたり始めたのだ。新しい時代が始まろうとしている。だがルイは、自分は大杉と野枝の娘であると胸を張って名乗り出るだけの勇気はなかった。父母の残した膨大な全集を読むことのなかった自分には、そんな資格はないと惨めに思うのだった。

また新聞を売っていた少年と少女が、魔子から聞いていた副島人形店の副島辰巳の子どもであると知って、再び驚いた。副島は戦前からのアナキストで、戦後もすぐに店の前に黒旗を掲げて活動をはじめていたのだった。ルイは体中がジーンと熱くなり、正視できずに逃げるようにバスに乗った。「勉強せんとね——とにかく、お母さんは勉強せんとね」子どもたちの手をひきながらルイは声にだして呟いていた。

一九四八年(昭和二三年)、ルイは古本屋で思いがけなく『大杉栄全集』を見つけた。今宿の家にあって、幼い頃から見慣れていた懐かしいあの本である。それはいつしか今宿の家からは喪われていた。全集には、二四〇〇円の札がついている。博多・東京間の汽車賃が九二円という時に、大金であった。

「必ずすぐ買いにきますから、この全集を除けておいてもらえませんか」

四人の子連れの生活に疲れた女の真剣な頼みに、店主は驚いた。そしてしばらくして、王丸の自転車の荷台に積まれて、全集はルイの家にやってきたのだ。内職に忙しい自分には、全集を読む時間はない。また不勉強な自分には、全集は無理だという思い込みもあった。だが、どうしてもこの全集は自分の身近な所に置いておきたかった。まずは父と母の書簡集から、読み始めることにした。

一人立ち

夫の王丸が敗戦のショックから立ち直ったのは、組合運動であった。だが一九五〇年（昭和二五年）、占領下日本での「逆コース」がはっきりしてきた。九州配電でも、レッド・パージで一二四名が退職を勧告された。組合は不当解雇撤回ストを構え、王丸らの解雇は撤回された。しかしそれを機に、王丸はしだいに組合運動から遠ざかっていった。

留意子がルイと名乗り始めるのは、一九五三年（昭和二八年）三一歳のことである。子どもの小学校のＰＴＡ委員となり短い文章を学校新聞に寄稿する時に、「王丸ルイ」と署名したのだ。何も知らず、何も学ばずに過ごしてきた戦時中の自分を省みる時、留意子からルイに変わることで新しい出発としたかった。しかし父、大杉栄が命名してくれたルイズという名に戻す勇気はなくて、近い名としてルイを選んだ。

夫が勤める九州配電は九州電力株式会社と改まっていたが、王丸は給料日に一円も持って帰らない月があるようになっていた。ギャンブルにのめりこんでいたのだ。だが、ルイはさほど気にはしていなかった。毛糸編みの内職にいっそう精を出せばいいと考えていた。

しかし事態はさらに深刻になっていく。王丸は三万もの借金を作ってしまう。会社の同僚や知人、親戚、そして庶民金融からも借りているので、容赦なく返済期日は迫った。この後、この借金地獄は十年余り続くことになる。ルイは下関の姉の笑子のところにも助けを求めた。後に笑子はこう詠んでいる。

来年は銀婚といふ妹が　そこばくの金を無心して来ぬ

ルイは何とか経済的に自立できないか、と考えていた。そこで何度か訪れていた副島人形店に、三七歳で弟子入りをした。はたして人形の仕事を覚えきれるかどうか不安であったが、もともと手仕事は好きだったのでやってみることにした。

大将の副島辰巳は黒旗を担いで、タオルで鉢巻をしめて「おい、デモに行くぞ」と表通りから二階に声をかけていた。五、六人の若い人たちが「行ってきまあす」と勢いよく出かける。ルイも副島からデモに誘われたことがあったが、「わたしゃ、こわかですもん」と逃げていた。

だが一九六〇年（昭和三五年）六月一五日夜、子どもたちに一度は今の状況を見せておきたいと思い、四人の子どもを誘ってデモを見に行った。この日が最大の安保阻止統一行動日で、東京では一〇万人が国会請願波状デモを繰り返していた。福岡でも市役所前でデモが続いているはずであった。しかしルイたちが着いた時には、集会は解散させられたあとであった。人は誰もいなかった。しかしその誰もいない広場に残っていた下駄、サンダル、ズック靴の数々は、解散時の混乱を物語って余りあった。子どもたちの手を握りしめ、胸に突き上げてくるものをこらえながら、ルイたちは帰ってきた。

一九六四年（昭和三九年）、王丸は五五歳になって九州電力を退職した。退職金は六五〇万円であったが、これまでの借金の返済を終わってみると、一六〇万円が残されただけであった。しかも王丸はその一六〇万円をわずか二ヶ月で使いきってしまった。

ルイは、もう別れる時がきたと思った。退職金を喰いつぶしてしまった以上、また新たな借金地獄が始まるのだろう。大杉と野枝の娘という厄介者である自分を受け入れてくれた夫であったが、すでに一〇年以上にわたる借金の尻ぬぐいには疲れ切ってしまった。王丸は、私を当てにし甘えているのだ。私がここで突き放せば、あるいは王丸も立ち直るかもしれない……。ルイはそう決心し、子どもたちにも話した。娘は「お母さんは充分やってきたんだし、別れてもいいわよ」といってくれた。

こうしてルイは四二歳で、「伊藤ルイ」となった。

死因鑑定書

一九七六年（昭和五一年）、ルイが五四歳の時に大杉と野枝の死因鑑定書を読んだ。すさまじい暴行のあとだった。五三年かかって、悪い星がわが身の上にふりかかったような苦しみにさいなまれたルイは、その夜一睡もできなかった。これまで両親の記憶がなく、実感がわかなかったルイにとって、この鑑定書は大きな衝撃だった。はじめて、肉親としての実感と悔しさに目覚めた。

そしてルイは、このような悲嘆が、ルイやその親族だけのものではなく、ありとあらゆる弾圧を受けた人びとすべての人のものであると思い至る。そして両親が虐殺された9・16の日に福岡の地で集まりを持とうと考えた。

一九八〇年（昭和五五年）、豊前火力発電所の反対運動の集会で、ルイは作家の松下竜一と出会う。

彼は、セメント工場誘致に反対するルポルタージュ『風成の女たち』を書いていた。

その後熱心な松下の取材の申し出に長い間悩んだ末、ルイは一年半という長期インタビューに応えることになる。取材されるということは、骨の髄まで見抜こうとする作家の前に身を投げ出すことである。しかしルイにはなかなかそれができなかった。ルイはその陰の部分との思いがけない格闘の中で、傷つきながら癒しながらの繰り返しによって、六〇歳近くになってはじめて自分自身が見えてきた。こうして『ルイズ―父に貰いし名は』が完成した。

「わたし、この本が出る頃一ヶ月ほど山の中に隠れていましょうか」――ルイは本気でそう思っていた。だがこの本は、『講談社ノンフクション賞』を受賞し、ルイは思いもかけなかったルイズ旋風に、否応なく巻き込まれていった。そしてこの時に、ルイは踏み切ったのだ。すべてを語ることによって、自己の再生、再出発に向かうこととなる。

この後、六〇歳のルイの、あたかも軛から解き放たれたよう溌剌として自在な行動が始まっていく。好奇心のかたまりのようになって、草の根を分けるように北から南まで市民運動にたずさわる人びとを訪ね歩く。訪ねられた者はルイの大きな生きいきした眼にとらえられ、たちまちルイのファンになっていった。そして松下から励まされて、はじめて自身のこれまでを振り返った『海の歌う日』を書いた。その後、各地の草の根の運動を紡ぐ旅と題した、二冊の本も出版している。

一九八五年（昭和六〇年）、前年に二六年にわたる博多人形の彩色職人の仕事に区切りをつけたルイは、わずかな年金でつつましく暮らしていた。だが全国の草の根の市民運動を応援する旅は、旺盛に続けている。この年には、ヒロシマの「女の集い」と、新宿駅西口からバスで出かけた〈下北を原子力半島にするな！〉集会に参加している。

そして、母の野枝が書いた最後の文章「自己を生かすことの幸福」を読んでいる。これは虐殺の五ヶ月前に、野枝が『婦人公論』に寄せたものだ。野枝と大杉との夫と妻としての生活、そしてそれを越える同志としての緊張ある生活を誇らかに語っている。ルイはこう記している。

私は、自分が六三歳という年になって二八歳の女、二八歳の母としての野枝を思いえがくとき、じつに美しく、輝いて感じる。その美しさ、その輝かしい生命が、ある日突然その夫とともに残虐な形で踏み潰（つぶ）される。「畳の上では死なれんとよ」とその母に告げ、その覚悟をもってつねに自らの生と向き合った彼女を思うとき、その文章のすべてが、思いをこめた、誠意をつくした「女たちへの遺書」として書きのこされたのを感じる。

天皇を問う

ルイがさわやかな自立の道へと進む契機となった松下竜一は、一五歳年下であった。彼は暗い青春を過ごしている。一九六〇年代の安保闘争、ベトナム反戦運動の時代を、貧しい豆腐屋で働く大分県中津の一青年として過ごしていた。

反戦デモ集（つど）えるかたへうつむきて　日暮れの豆腐を積みて急ぎぬ

そんな日々の暮らしと短歌を、自費出版したのが『豆腐屋の四季』である。一九八四年（昭和五九年）、「本を読んだ」と獄中の大道寺将司から手紙が届く。大道寺は連続企業爆破事件の被告で、一審二審とも死刑判決を受けていた。

大道寺は東アジア反日武装戦線〝狼〟のリーダーとしては、出会うことのなかった《人民》や《大衆》という言葉ではくくれない、確かな生を松下に見たのだった。そして松下は、たび重なる大道寺との手紙の交流を通じ、しだいに最高裁へ向けての支援を始めた。

大道寺らのグループ名には、今また東アジア諸国に経済侵略を続ける「日本」を内側から打倒したい、という思いがあった。そして松下が交流を続けるうちに、彼らは爆破の予告電話をかけており、殺意はなく死者が出たことを深く悔いていることが伝わってきた。その話を松下から聴くうちに、ルイの心の中にも何か共鳴してくるものがあった。

一九八七年（昭和六二年）二月三日、最高裁の小法廷に向かう松下とルイの姿があった――最高裁の建物は、まことに異様な、全体がまるで堅固な要塞のような、石造りの城のようだった。両側も天井も石の壁の薄暗く狭い階段。まるで拘置されるために引っ張られていくような錯覚に陥った。裁判官は黒い服を着て、高い所に座っていた。それは、戦前もそして今も「国家」というものを体現しているのだ。

この日は弁護団長から『反日思想』、天皇の戦争責任についての「被告」代理人としての弁論があった。最高裁での判決はどうなるのであろうか――翌日、ルイは東京拘置所の大道寺に面会に行った。

彼は、洗い立てのカッターシャツのような清々しい青年だった。
ルイはその帰り、真冬の小菅（こすげ）駅の高架のホームに立っていた。

敗戦後、天皇の戦争責任を問う人は多い。にもかかわらず、この四〇年間、具体的な形でそれを責めようとしたのは彼らだけではなかったか。

私の目に映る小菅周辺の荒川の土手。そこはいみじくも、あの関東大震災のとき、数千人の朝鮮人が、国家権力の陰謀にのせられた日本人庶民の手によって虐殺された場所である。

朝鮮人たち。幸徳秋水、管野須賀子ら大逆事件の人びと、金子文子。大杉栄、伊藤野枝とその甥橘宗一。古田大次郎、村木源次郎、和田久太郎……。

「天皇」の名によって殺された人びとの無念の想いが胸に迫る。

そして、いま会ってきたばかりの大道寺さんたちがまた、敗戦後初の政治犯として「死刑」判決を宣せられようとしている。

ルイは、四冊目の本『必然の出会い』の中でこう記している。

一九八九年（昭和六四年）一月、マスコミは昭和天皇の病状を毎日流し、Xデーはいつかとささやかれていた。ルイは四歳で昭和を迎え、その人生は昭和の歩みとほぼ重なっている。天皇が亡くなった一月七日（Xデー）から四日後、ルイのコメントが毎日新聞に出た。

大正の終わり、昭和の準備期に反軍思想の故をもって両親は軍人に殺された。「天皇に弓を引いた者の子」と呼ばれて育った私にとって「天皇」はいまもなお暗く重い荷物であり恐怖の対象である。「昭和」をもって「天皇」をなくすることでしか、日本のこの恥多き日々からの立ち直りはない。

Tシャツ訴訟の原告団長として

ルイは晩年、今宿海岸にほど近い下山門（しもやまと）団地の一階で暮らしている。窓の下には、丹精をこめた三〇種もの草花を育てている。子どもたちからは「お花のおばあちゃん」と呼ばれて親しまれていた。大道寺らの最高裁の判決は死刑の確定となってしまったが、それでもルイたちは支援のためにサイン入りTシャツを差入れようとした。だがそれは、東京拘置所によって拒否されてしまった。そこでルイたちは「差入交通権訴訟」（愛称、Tシャツ訴訟）を起こした。

獄中の大道寺らは死刑確定者ではあるが、同時に「差入交通権訴訟」の原告となることで、訴訟を遂行していく権利を持つことになる。ルイは彼らの権利を守るために、率先して原告団長となった。

一九九五年（平成七年）、ルイは原告側証人として、二時間もの証言をおこなう。自身の成育歴、市民運動へのかかわり、三菱爆破とマスコミ報道についてである。その後半のルイの言葉である。

三菱重工がアメリカのベトナム戦争に加担していることは明らかであり、彼らが三菱重工を爆破したのは、三菱が自らの企業利益のために死者一五〇万人に達するベトナム戦争に加担、戦争という人を殺すための武器製造を止めさせるための行為であり、故意に人を殺すために三菱を爆破したのではないことは明らかである。

それにもかかわらず、マスコミは彼らのことを爆弾魔と称び、思想性のない殺人犯の扱いをした。しかしもともと私にはマスコミに対する強い不信感があり、それを信用することはできなかった。

一九二三年九月一六日、私の両親と従兄弟は関東大震災の混乱に乗じて憲兵大尉甘粕正彦らに虐殺されるのだが、それは彼らが何かをやったから殺したのではなく、その思想によって殺されたのであって、陸軍大臣も事実を知って烈火の如く怒り、閣議では後藤内務大臣も人権蹂躙であるとその不法行為をきびしくなじった。

にもかかわらず、新聞記事はそれを報ぜず、第一報から少年橘宗一殺しのみを集中的に報じている。このように真意を伝えず、センセーショナルな記事として誤った見方を植えつけた。

凄まじい迫力の証言であった――それは志半ばで命を断ち切られた伊藤野枝の魂が、ルイの体を通して、現代を撃った言葉であったのではないだろうか。

ルイは雷が好きだった。雷鳴の反響と稲光が身体に感応すると、蘇生したように爽快（そうかい）になり、雨中に駆け出したい衝動を覚えたという。〝ふけよあれよ風よあらしよ〟といい放った伊藤野枝の血が、最も色濃く流れていたのがルイであったのかもしれない。

翌一九九六年（平成八年）、四月末まで呼ばれるままに全国を駆け回っていたのだが、身体の不調を訴えて入院したのが、五月八日。一五日には末期がんを宣告される。松下がさっそく駆けつけたが、「私はしたいことをしてきたから、もういいのよ」と笑って受けいれ、延命治療も拒否した。長女の恵子が泣くと、ルイはそれを厳しく叱った。そして最期は、早くに家を出ていた長男の容典（ようすけ）の手厚い看護を受けた。六月二八日の明けがた、ルイは眠るように息を引き取った。

松下はこう語った。「なにごとであれ、迷いためらうことを嫌い、即決してパッと立ち上がるのが身上の人だったが、とうとう自らの死をも即決してあっという間に旅立ってしまった」

伊藤ルイは七四歳の生涯を、野枝が生まれた今宿の地で閉じた。

（完）

おわりに

伊藤野枝の生涯と、彼女の遺したものを通して、私は野枝の目指したものを探ってきた。

国会審議を経ずに発せられた戒厳令と緊急勅令（治安維持令）は、いわば大日本帝国憲法下の「緊急事態条項」だった。その結果、大杉栄と伊藤野枝は、憲兵大尉甘粕正彦らによって虐殺された。

そこにあったものは、既成の秩序を乱そうとする者は、国民と見なさず排除してもいい、という国家意識であった。そしてこの緊急勅令は、二年後の一九二五年に「治安維持法」として法制化されていく。さらにその三年後、またも国会審議を飛び越した緊急勅令によって、最高刑が死刑に引き上げられる。やがてそれは凄まじい言論統制へとつながっていき、日本はあの泥沼の戦争へと突入していく。

共謀罪法が成立した現在、ここに自民党が目論んでいる、改憲による「緊急事態条項」が再び加われば、それは戦前の「治安維持法」を上回る権限を政府に与えてしまうのではないだろうか。それは「人間」を守るためのものではない。野枝と大杉が、命を賭して立ち向かおうとした「国家」と「体制」を守るものなのだ。

二〇二三年、今年は野枝と大杉が虐殺されてから、ちょうど一〇〇年の年である。この節目の年に、いま一度、私たちの国の〝未来〟を考えてみたいと思う。

編集部註／作品中に一部差別用語とされている表現が含まれていますが、作品の舞台となる時代を忠実に描写するために敢えて使用しております。

『評伝 伊藤野枝～あらしのように生きて～』に寄せて

女性史研究者　鈴木 裕子

本書は標題のように伊藤野枝についての考察である。著者はこれまで、山代巴や管野須賀子、九津見房子らについて、研究を重ね、出版された。わたくしにとっては幾度もお会いし親炙した山代さん、山代さんが敗戦前に囚われていた和歌山女囚刑務所で命を救われた九津見さんの長女・大竹一燈子さん、伊藤野枝が伴侶の大杉栄とともに憲兵隊に虐殺されたあと、大杉の信頼の厚かった近藤憲二さんの妻となられた近藤真柄さんがおられる。憲二さんは大杉の全集を編み、その印税を遺児たちのもとに送り、育成に役立てることを図った。

真柄さんが晩年、心がけていたことは、無念のうちに斃れた社会主義者やその遺族の方がたの顕彰・記憶化であったが、そのなかに大杉・伊藤野枝虐殺のとき、同行していた大杉の甥橘宗一少年がともに扼殺され、伯父たちとともに菰に包まれて無惨にも憲兵隊の井戸に捨てられた。このとき宗一少年はわずか五歳であった。父の橘惣三郎氏は、「犬共ニ虐殺サル」というかなり大きい自然石の墓碑を建てたが、長年にわたり放置されていたので草むした墓碑が見つかったとき、真柄さんは先頭に立って、再建運動に取り組まれた。墓碑再建後、墓前祭が名古屋の人びとによって準備され、大杉・伊藤夫妻の遺児である初代エマの菅沼幸子さん、二代目エマの野沢笑子さんが参加され、お目にかかったことがある。とりわけ神奈川県藤沢市鵠沼にお住いの菅沼さんとは幾度もお会いした。一九八五年わたくしがイタリアのナポリ東洋大学に招かれ、日本近代女性史を講義したことから日本に留学する女子学生が現れ、そのなかには伊藤野枝を研究したいという女子学生がいて、わたくしが案内して菅沼さんのお話をお聞きしたこともある。

本書は、実際お会いした方がた、あるいは書籍・資料類で馴染みのある女性たちを著者の堀和恵さんが丹念にその足跡を追ってこられた点に特徴があると思う。「第五章　野枝の遺したもの」に収録の遺児たちの行方と人生についての記述は特筆されるべきである。

野枝には上野高等女学校時代の恩師辻潤との間に二人の男児が生まれた。一（まこと。一九一三年生まれ）と流二（一九一五年生まれ）である。大杉栄との間には、一七年生まれの魔子（のちに真子と改名）、一九年生まれの初代エマ（のちに幸子と改名。大杉の妹の家の養女となる）、二代目エマの笑子（二一年生まれ）、四女のルイズ（二二年生まれ。留意子、ルイ）、長男ネストル（二三年生まれ。のちに栄と改名するが、翌年死去）の五人がいた。

一さんは、長じて詩画家になり、流二さんは生まれるとすぐ養子に出され、のちに異父姉妹に会えた。真子さんは母の里の今宿に引き取られて、九歳のとき横浜の大杉勇方に引き取られ、横浜紅蘭女学院に進んだ。卒業後日仏同志会に二年間勤務し、妹たちと一緒に暮らすため今宿に帰り、九州日報社に勤めた。真子さんは新聞記者の神康生と結婚し、三女一男を得た。が、一九四九年出奔し、青木という人形師と同棲。青木の父もアナキストであった。真子さんは「やっと心の扉を開いてくれる人に出会った」と感じていた。一女一男を得た。真子さんは幾度も自殺を試みている。堀さんは「内面」

には「うかがいしれない」「暗闇があった」と書いている。その通りであろう。一九六八年、心筋梗塞で急逝。次女の幸子さんは、大杉の妹牧野田の家の一人娘として天津で伸び伸びと育ち、小学校四年のとき、一時帰国で真子さんに初めて会った。従姉妹と教えられていた幸子は「私たち似てるわね」と無邪気に言った。三二年帰国して静岡英和女学院に通学、初めて野枝と大杉の子であったことを知った。女学院四年のとき、まことと流二とも会う。まことのことを幸子さんは「やさしい人」「不思議な魅力があるの」と語っていたという。四四年彫刻家の菅沼五郎氏と結婚。のちにまことの娘維生を引き取り、育てた。堀さんは幸子さんも五郎さんも「人を受け入れ、一緒に生きていける大きな人であった」と記している。

三女のエマこと笑子さんは糸島高女を首席で総代を務めた。女学校一年のとき、『アララギ』同人の教師と出会い、短歌を学んだ。結婚して野沢笑子となり、やがて三菱下関造船所の労働組合の専従書記となった。八八年に歌集『天衣』を出版、笑子は短歌について「自らを追及し、自己を淘汰する手段」であるべきとして、いくつかの短歌を紹介している。そのうちの二つをここで書き抜いておく。

胸ぬちをたぎるものあり街路樹に映ゆるものあり　プラカード「三池を救へ」
若き日々凌ぎたりしよわがための　労働歌いまも胸深く保つ

この二つの歌からでも両親が労働運動にかけた生涯が透けて見えてくるであろう。

末娘のルイさんは、いつ「テンノーヘイカ」の言葉が校長から出るのを恐れていたという。「おまえのとうちゃんかあちゃんは、テンノーヘイカに弓ば引いて、つかまえられて殺されたっちゃろうが」という言葉がいく十度投げつけられただろうか。今から考えると。まことに不思議である。二親をもろともに殺されるという被害者なのに、まるで加害者である。いわゆる「大逆事件」の被害者・家族たちが肩身を狭くし、逼塞して生きてきたのと同様である。

ルイさんは小学校のころ、転校してきた少女が村の子たちとなかなか馴染まないのを見て、一番に「わたしがお友だちになってあげる」と声をかけた。以来二人は女学校まで通しての親友となる。しかしその少女の父親は「伊藤の子と遊んじゃならん！　家を追い出すぞ！」。

糸島高女を卒業後、ルイは一七歳で結婚、姉妹たちの比較的、早い結婚（幸子さんを除き）は、そうした呪縛から抜け出すためであったのだろうか。陸軍軍曹だった王丸和吉と結婚し、やがて二女二男に恵まれる。王丸は敗戦後、九州配電に勤めていたが、毎日、酒を飲んで荒れている。敗戦が思いがけないほどの衝撃であったのだと堀さんは指摘している。

一九四六年、今宿の家にずっと送金してくれていた近藤憲二らが日本アナキスト連盟を結成、三度目となる『平民新聞』を発行した。ルイは新聞を売っている少女と少年に出くわした。彼女らが姉の真子さんから聞いた副島人形店の子どもであると知って再び驚いた。四八年、古本屋で『大杉栄全集』を見つけた。二四〇〇円という当時としては随分高価なものであったが、入手した。ルイさんが、留意子からルイと改めるのは一九五三年のことであった。ルイは経済的自立を考え、副島人形店に三七歳で弟子入りした。六四年王丸は五五歳で九州配電を退職、退職金は六五〇万円、借金を返済しても一六〇万円は残ったものの、王丸はわずか二か月で食いつぶしたという。ルイは漸く離婚を決意、娘も賛同してくれた。七六年両親の死因鑑定書を読んだ。わたくしもコピーでだが、それを読んで戦慄した覚えがある。殺し方も残忍、なおそのうえに死体を凌辱したも同然、井戸へ投げ捨て、汚物をも投げ入れ、犯行を秘匿しようとした。

ルイさんは『豆腐屋の四季』を書いた作家松下竜一氏から取材を受け、『ルイズ—父に貰いし名は』が出版された。同書が「講談社ノンフィクション賞」を受賞。その後、ルイさんは自身の過去を振り返った『海の歌う日』を書き、八五年に博多人形の彩色職人の仕事を辞し、各地の草の根の市民運動を紡ぐ旅を続け、八九年一月七日の天皇裕仁の死に際し、『毎日新聞』に「大正の終わり、昭和の準備期に反軍思想の故をもって両親は軍人に殺された。『天皇に弓を引いた者の子』と呼ばれ育った私にとって『天皇』はいまもなお暗く重い荷物であり恐怖の対象である。『昭和』をもって『天皇』をなくすることでしか、日本のこの恥多き日々からの脱却はない」(本書二二〇頁からの引用)。

ルイさんはいわゆる「Tシャツ訴訟」(差入交通権訴訟)の原告団団長として、三菱重工業等の連続企業爆破事件の被告で一審二審とも死刑判決を受けていた大道寺将司(東アジア反日武装戦線〝狼〟のリーダー)と、東京小菅の拘置所で面会した。『必然の出会い』という著書でルイさんは次のように記している。本書二一九頁からの抜粋引用である。

「敗戦後、天皇の戦争責任を問う人は多い。にもかかわらず、この四〇年間、具体的な形でそれを責めようとしたのは彼らでだけではなかったのか。私の目に映る小菅周辺の荒川の土手。そこはいみじくも、あの関東大震災のとき、数千人の朝鮮人が、国家権力の陰謀にのせられた日本人庶民の手によって虐殺された場所である。〔中略〕『天皇』の名によって殺された人びとの無念の思いが胸に迫る」と。

本書は伊藤野枝を知るうえで貴重な一石を投じたものとわたくしは思うものである。


すずき・ゆうこ　早稲田大学文学学術院元教員。早稲田大学ジェンダー研究所招聘研究員。

『日本女性運動資料集成』全一〇巻の編集・解説など、著書・編書多数。

近著に『忘れられた思想家 山川菊栄～フェミニズムと戦時下の抵抗～』

参考文献

第一章

（1）『定本　伊藤野枝全集』第一巻〜第四巻　堀切利高・井手文子　編　學藝書林　二〇〇〇
（2）『新装版　自由それは私自身―評伝伊藤野枝』井手文子　現代書館　二〇〇〇
（3）『炎の女　伊藤野枝伝』岩崎呉夫　自由国民社　一九七一
（4）『村に火をつけ、白痴になれ―伊藤野枝伝』栗原康　岩波書店　二〇一六
（5）『吹けよ　あれよ　風よ　あらしよ―伊藤野枝選集』森まゆみ　編　學藝書林　二〇〇一
（6）『青鞜』復刻版　第三巻第一一号　不二出版　一九八三
（7）「無政府の事実」『二人の革命家』大杉栄・伊藤野枝　共著　黒色戦線社　一九八五
（8）『伊藤野枝と代準介』矢野寛治　弦書房　二〇一二
（9）『木下尚江　著作集』第三巻　第四巻　木下尚江　明治文献　一九六九
（10）「あきらめない生き方　詳伝・伊藤野枝」ツルシカズヒコ
http://fanblogs.jp/kazuhikotsurushi2/archive/10/0

(11)『辻潤全集』第一巻　辻潤　五月書房　一九八二
(12)『美は乱調にあり』瀬戸内晴美　角川文庫　一九六九
(13)『野枝さんをさがして―定本　伊藤野枝全集　補遺・資料』堀切利高　編　學藝書林　二〇一三
(14)『風よあらしよ』村山由佳　集英社　二〇二〇
(15)『飾らず、偽らず、欺かず―管野須賀子と伊藤野枝』田中伸尚　岩波書店　二〇一六
(16)『元始、女性は太陽であった　平塚らいてう自伝』第二巻　平塚らいてう　大月書店国民文庫　一九九二

第二章

(1)『作家の自伝8　平塚らいてう―わたくしの歩いた道』平塚らいてう　日本図書センター　二〇〇二
(2)『平塚らいてう―近代と神秘』井手文子　新潮選書　一九八七
(3)『平塚らいてうの光と蔭』大森かほる　第一書林　一九九七
(4)『知の巨人　評伝　生田長江』荒波力　白水社　二〇一三
(5)『「青鞜」の冒険―女が集まって雑誌をつくるということ』森まゆみ　平凡社　二〇一三
(6)『「青鞜」セレクション―「新しい女」の誕生』小林登美枝　編　人文書院　一九八七

(7)『読売新聞』一九一三年二月九日号
(8)『朝日新聞』一九一三年二月一六日号
(9)『平塚らいてう著作集　2』平塚らいてう　大月書店　一九八三
(10)『大杉栄全集』第二巻　大杉栄全集編集委員会　編　ぱる出版　二〇一四
(11)『大杉榮　自由への疾走』鎌田慧　岩波書店　一九九七

第三章

(1)『現代と婦人の生活』平塚らいてう　日月社　一九一四
(2)『「青鞜」解説・総目次・索引』井手文子　不二出版　一九八七
(3)『谷中村滅亡史』荒畑寒村　岩波文庫　二〇一三
(4)「死灰の中から」『乞食の名誉』大杉栄・伊藤野枝　共著　聚英閣　一九八五
(5)『大杉栄自叙伝』大杉栄　土曜社　二〇一一
(6)『大杉栄評伝』秋山清　思想の科学社　一九七六
(7)『獄中記』大杉栄　土曜社　二〇一二
(8)『日録・大杉栄伝』大杉豊　社会評論社　二〇〇九
(9)『大杉栄書簡集』大杉豊　編　土曜社　二〇一八
(10)「ふもれすく」『辻潤全集』第一巻　辻潤　五月書房　一九八二

(11)『神近市子自伝』神近市子　日本図書センター　一九九七
(12)『寒村自伝』上巻　荒畑寒村　岩波文庫　二〇一六
(13)『大杉栄と仲間たち―「近代思想」創刊一〇〇年』「大杉栄と仲間たち」編集委員会　ぱる出版　二〇一三

第四章

(1)「ドン底時代の彼」村木源次郎　『改造』一九二三年一一月
(2)『ルイズ　父に貰いし名は』松下竜一　講談社　二〇一一
(3)『一無政府主義者の回想』近藤憲二　平凡社　一九七二
(4)『大杉栄全集』第四巻　大杉栄全集編集委員会　編　ぱる出版　二〇一四
(5)『大杉栄全集』第六巻　大杉栄全集編集委員会　編　ぱる出版　二〇一五
(6)『久さん伝　あるアナキストの生涯』松下竜一　講談社　一九八三
(7)『諧調は偽りなり　伊藤野枝と大杉栄　上』瀬戸内寂聴　岩波書店　二〇一七
(8)『日本の名著　46大杉栄』多田道太郎　編　中央公論社　一九九五
(9)『大杉栄伝　永遠のアナキズム』栗原康　角川ソフィア文庫　二〇二一
(10)『大杉栄研究』大沢正道　法政大学出版局　一九七一
(11)『墓標なきアナキスト像』逸見吉三　三一書房　一九七六

(12)『私の見た　日本アナキズム運動史』近藤憲二　麦社　一九六九
(13)『女工哀史』細井和喜蔵　岩波文庫　二〇一八
(14)『山内みな自伝』山内みな　新宿書房　一九七六
(15)『元始、女性は太陽であった　平塚らいてう自伝』第三巻　平塚らいてう　大月書店国民文庫　一九九二
(16)『評伝　九津見房子〜凛として生きて〜』堀和恵　郁朋社　二〇二一
(17)『乞食の名誉』大杉栄・伊藤野枝　不二出版　一九八五
(18)『ラッセル自叙伝　2』バートランド・ラッセル　日高一輝　訳　理想社　一九七九
(19)『東京朝日新聞』一九二一年七月二六日号
(20)「苦笑のラッセル」大杉栄『改造』一九二一年一〇月
(21)『あれも家族　これも家族〜個を大事にする社会へ〜』福島瑞穂　岩波書店　二〇〇一
(22)『二人の革命家』大杉榮・伊藤野枝　黒色戦線社　一九八五
(23)『自叙伝・日本脱出記』大杉栄　岩波文庫　一九九六
(24)『諧調は偽りなり　下』瀬戸内寂聴　岩波書店　二〇一七
(25)『大杉栄秘録』大杉栄研究会　黒色戦線社　一九七六

第五章

※甘粕正彦
(1)『問題の人　甘粕正彦』山根悼三　小西書店　一九二四
(2)『甘粕正彦の生涯―満州国の断面』武藤富男　西北商事　一九六七
(3)『満州事変の裏面史』森克己　国書刊行会　一九七六
(4)『甘粕大尉　増補改訂』角田房子　ちくま文庫　二〇〇五
(5)『満州裏史―甘粕正彦と岸信介が背負ったもの』太田尚樹　講談社　二〇〇五
(6)『甘粕正彦―乱心の曠野』佐野眞一　新潮社　二〇〇八
(7)『幻のキネマ満映―甘粕正彦と活動屋群像』山口猛　平凡社ライブラリー　二〇〇六
(8)『獄中に於ける予の感想』甘粕正彦　甘粕氏著作刊行会　一九二七
(9)『戒厳令』大江志乃夫　岩波新書　一九七八
(10)『憲兵』宮崎清隆　東京ライフ社　一九五六
(11)『現代史資料　7　満州事変』小林龍夫　編　みすず書房　一九六四

※辻まこと
(1)『評伝　辻潤』玉川信明　三一書房　一九七二
(2)『辻潤―孤独な旅人』玉川信明　五月書房　一九九六

(3)『辻潤の思い出』松尾季子『虚無思想研究』委員会　一九八七
(4)『絶望の書・ですぺら』辻潤　講談社文芸文庫　一九九九
(5)『辻まこと・父親辻潤』折原脩三　平凡社　二〇〇一
(6)『辻まことの思い出』宇佐見英治　みすず書房　二〇〇一
(7)『夢幻の山旅』西木正明　中央公論社　一九九四
(8)『辻まことマジック』琴海倫　未知谷　二〇一〇
(9)『無想庵物語』山本夏彦　文春文庫　一九九三
(10)『辻まことの世界』矢内原伊作　編　みすず書房　一九七八
(11)『続・辻まことの世界』矢内原伊作　編　みすず書房　一九七八
(12)『アルプ２１８号　特集辻まこと』創文社　一九七六
(13)『山からの絵本』辻まこと　山と渓谷社　二〇〇二
(14)『山の声　画文集』辻まこと　東京新聞出版局　一九七一
(15)『すぎゆくアダモ』辻まこと　未知谷　二〇一一
(16)『居候にて候』辻まこと　白日社　一九八〇
(17)『伊藤野枝の手紙』大杉豊　編　土曜社　二〇一九

※伊藤ルイ
(1)『奇縁まんだら　終り』瀬戸内寂聴　日本経済新聞出版社　二〇一一

（2）「大杉栄を受けとめた弟妹と娘たち」大杉豊「菅原幸子さんのこと」森まゆみ
『新日本文学』二〇〇三年九・一〇月号
（3）『天衣』野澤笑子　ながらみ書房　一九八八
（4）映画『ルイズその旅立ち』「ルイズ」製作委員会　一九九七
（5）『海の歌う日―大杉栄・伊藤野枝へ』伊藤ルイ　講談社　一九八五
（6）『虹を翔ける―草の根を紡ぐ旅』伊藤ルイ　八月書館　一九九一
（7）『海を翔ける―草の根を紡ぐ旅Ⅱ』伊藤ルイ　八月書館　一九九八
（8）『必然の出会い』伊藤ルイ　影書房　一九九六
（9）『さまざまな戦後』伊藤ルイ他　日本経済評論社　一九九五
（10）『風成の女たち』松下竜一　社会思想社　一九八四
（11）『松下竜一　その仕事』松下竜一　河出書房　一九九九
（12）『巻末の記』松下竜一　河出書房　二〇〇二
（13）『松下竜一　未完著作集2　出会いの風』松下竜一　海鳥社　二〇〇八
（14）『豆腐屋の四季』松下竜一　講談社文芸文庫　二〇〇九
（15）『狼煙を見よ』松下竜一　河出書房新社　二〇一七
（16）「共謀罪法の問題点と改憲による緊急事態条項の危険性」升永英俊『共謀罪の真実』
ジェネシスビジネス出版　二〇一七

【著者紹介】

堀　和恵（ほり　かずえ）

大阪市に生まれる。
中学校に勤め、社会科を教える。
その後、近現代史を中心に執筆活動にはいる。
著書　評伝　管野須賀子　―火のように生きて―（郁朋社）
『この世界の片隅』を生きる　―広島の女たち―（郁朋社）
評伝 九津見房子　―凛として生きて―（郁朋社）

評伝（ひょうでん）　伊藤野枝（いとうのえ）　――あらしのように生（い）きて――

2023年4月28日　第1刷発行
2024年4月11日　第3刷発行

著　者 ― 堀（ほり）　和恵（かずえ）

発行者 ― 佐藤　聡

発行所 ― 株式会社 郁朋社（いくほうしや）

〒101-0061　東京都千代田区神田三崎町2-20-4
電　話　03（3234）8923（代表）
ＦＡＸ　03（3234）3948
振　替　00160-5-100328

印刷・製本 ― 日本ハイコム株式会社

郁朋社ホームページアドレス　http://www.ikuhousha.com
この本に関するご意見・ご感想をメールでお寄せいただく際は、
comment@ikuhousha.com　までお願い致します。

 ISBN978-4-87302-788-3 C0095